AF523007

Numerologie für Anfänger

Das Praxisbuch

Wie Sie mit Lebenszahlen Ihren Charakter verstehen, verborgene Talente und Begabungen entdecken und Ihrem Lebensweg folgen

Sophia Perlich

Alle Ratschläge in diesem Buch wurden vom Autor und vom Verlag sorgfältig erwogen und geprüft. Eine Garantie kann dennoch nicht übernommen werden. Eine Haftung des Autors beziehungsweise des Verlags für jegliche Personen-, Sach- und Vermögensschäden ist daher ausgeschlossen.

ISBN: 978-3-969304068

Email: info@edition-lunerion.de
www.edition-lunerion.de

Psiana eCom UG
Berumer Str. 44
26844 Jemgum

INHALT

Vorwort

Es gibt diese eine Frage, die sich vermutlich jeder einzelne Mensch auf der Erde bereits gestellt hat oder sich mindestens einmal in seinem Leben stellen wird. Unabhängig von Geschlecht, Alter, Wohnort, Familienstand, Religion, Einkommen, Herkunft, Beruf und so weiter – die Frage beschäftigt die gesamte Menschheit seit jeher.

Was ist der Sinn des Lebens?

Die möglichen Antworten sind genauso vielfältig, wie es die Frage an sich ist. Die meisten Menschen finden keine für sie zufriedenstellende Antwort und nur wenige erhalten einen Einblick dahingehend, was es bedeuten kann, der Beantwortung der Frage näherzukommen.

Doch was fasziniert uns so sehr an dem Sinn unserer Existenz? Reicht es nicht aus, dass wir hier sind und das tun können, was wir tagein, tagaus tun? Ist es nicht genug, einfach zu leben?

Die Menschheit ist eine Spezies, die den Dingen auf den Grund gehen will, die herausfinden will, was hinter allem steckt. In uns wohnt eine natürliche Neugier, die befriedigt werden will. Uns reicht es eben nicht aus, aufzustehen, zur Arbeit zu fahren, nach Hause zu kommen, zu essen und schlafen zu gehen, nur um das Ganze am nächsten Tag zu wiederholen. Es ist eben nicht genug, die Dinge einfach so anzunehmen und nichts zu hinterfragen. Es muss einen Grund dafür geben, warum der Mensch existiert und warum jeder Einzelne von uns so unterschiedlich, so individuell, so besonders ist. Es gibt keine zwei

Gleichen von uns auf dieser großen, weiten Welt – ist das nicht faszinierend? Doch was ist es nun, das uns voneinander unterscheidet?

Es ist unsere Bestimmung. Sie ist das fehlende Glied in der Beantwortung der Frage nach dem Sinn des Lebens. Auch wenn die möglichen Antworten scheinbar unbegrenzt sind, so steht dennoch unsere Bestimmung in einem engen Zusammenhang mit dem Anlass unseres Daseins.

Wir sind dafür geschaffen worden, unserer Bestimmung nachzugehen und sie zu erfüllen. All die Eigenschaften, Talente und sogar unsere angeblichen Fehler und Makel existieren aus einem einzigen Grund: damit wir unser höchst individuelles Schicksal erfüllen. All die Facetten, aus denen sich unsere Persönlichkeit zusammensetzt, die guten wie auch die schlechten, ergeben ein Gesamtbild: der wundervolle Mensch, der wir sind.

Die Welt der Zahlen

Es gibt einen Faktor im Kosmos, der in der Lage ist, die wesentliche Struktur allen Lebens zu beschreiben: Zahlen. Sie sind nicht nur jene Größe, die allem, was ist, zugrunde liegt, sondern sie kann zudem jeden Menschen mit seinen typischen Charaktereigenschaften benennen. Die Zahlen besitzen die Kraft, unsere Bestimmung – den Sinn unseres Lebens – zu identifizieren. Über Jahrtausende hinweg, die die Menschheit nun schon die Erde bevölkert, gab es immer wieder Persönlichkeiten, Ereignisse und Schicksale, die aufmerksame Betrachter aufhorchen ließen. Sie waren stets auf der Suche nach dem gemeinsamen Nenner, der diese Kraft hinter dem Lebensweg bestimmt und das Dasein der Menschen sanft lenkt.

Viel Zeit verging, doch die Beobachter erkannten, dass das menschliche Leben nicht durch Begriffe wie Zufall oder Willkür geprägt wird. Vielmehr scheint ein Muster dahinterzustecken, das erstaunlich genau die Lebensumstände und Eigenschaften der Menschen anhand von Zahlen beschreiben kann. Die Numerologie geht genau diesem Mysterium nach.

Jeder Zahl liegt eine Bedeutung zugrunde, die der jeweiligen Schwingung dieser entspricht. Zahlen symbolisieren bestimmte Werte, Eigenschaften und Funktionen. Auf die Persönlichkeit des Menschen bezogen ist die Numerologie tatsächlich in der Lage, unseren Charakter verblüffend exakt in seinen Einzelheiten zu beschreiben. Doch nicht nur das: Je nachdem, welche Zahlen uns zugeordnet werden können, erhalten wir detaillierte Informationen über unsere Herkunft, unsere Herausforderungen und Entwicklungsaufgaben, unsere Neigungen und vor allem: unsere Bestimmung. Die Numerologie gibt uns Aufschluss darüber, welche Talente und Begabungen in uns schlummern, deren Erweckung zur Erfüllung unseres Schicksals führt – zur Beantwortung der zentralen Frage der Menschheit: dem Sinn des Lebens.

WAS SIE IN DIESEM BUCH ERWARTET

Zunächst werden Sie erfahren, was es überhaupt mit der Numerologie auf sich hat und wie diese entstanden ist. Sie erhalten einen Einblick in die Bedeutung der Zahlen, bevor wir zum praktischen Teil des Buches übergehen. Die Numerologie in der Anwendung ist umfassend und extrem vielseitig: Finden Sie heraus, welche Lebenszahl Ihnen zugeordnet werden kann und was diese Ihnen über Ihre Persönlichkeit verrät. Mithilfe verschiedener numerologischer Zahlenwerte erhalten Sie eine Anleitung zur umfangreichen Analyse Ihres Charakters, wobei sämtliche Bereiche von Talenten und Begabungen über Wirkungen im Außen, Spiritualität, Kreativität und Familie bis hin zur Entwicklungsaufgabe Ihrer Seele betrachtet werden. Doch damit ist noch nicht Schluss: Erfahren Sie, welchen Einfluss die Zahlen auf Menschen und ihre sozialen Beziehungen haben. Zu guter Letzt wartet ein Bonusteil auf Sie. Die Seelen-Kur, die Sie über 30 Tage lang begleitet, hilft Ihnen mit detaillierten Schritt-für-Schritt-Anleitungen von Übungen, Meditationen und Ritualen zur Bewältigung Ihrer Seelenaufgabe.

In diesem Buch wird Ihnen nicht nur die Theorie der Numerologie nähergebracht, Sie bekommen zudem das wertvolle Wissen mit an die Hand, wie Sie die Zahlensymbolik in Ihrem eigenen Leben anwenden können. Nachdem Sie die folgenden Seiten gelesen haben, werden Sie in der Lage sein, Ihre persönlichen Zahlen zu ermitteln und so Ihr gesamtes Leben mit all seinen Facetten zu deuten.

Kommen Sie mit auf eine Reise, die Ihnen Ihren Sinn des Lebens offenbart. Finden Sie heraus, was Ihr Wesen ausmacht, welche Talente Sie besitzen und welche Herausforderungen es Ihnen ermöglichen, bei Meisterung dieser eine neue Stufe der Persönlichkeitsentwicklung zu erklimmen. Befriedigen Sie Ihre Neugierde und machen Sie nicht nur Bekanntschaft mit Ihrem höheren Selbst, sondern auch mit Ihrer Seele und Ihrer Bestimmung.

Numerologie: Was hat es damit auf sich?

Die Numerologie ist eine Wissenschaft, die auf der Annahme basiert, dass das Universum sowie die individuelle psychische Ebene des Menschen einem gewissen Muster folgen. Sie weisen eine Struktur und Ordnung auf, die zufällige und willkürliche Lebenswege ausschließen. Demnach geht die Numerologie davon aus, dass wir eben dieses Muster mithilfe der Zahlen aufdecken können, sodass uns unser Schicksal und unsere Bestimmung preisgegeben wird. Der Begriff Numerologie kommt aus dem Lateinischen und kann folgendermaßen übersetzt werden: „numero" steht für „Zahl" und „logos" für die „Lehre" – vereint ergibt es die Lehre der Zahlen.

Die Numerologie kann als eine Art Zahlendeutungssystem bezeichnet werden, wodurch es uns ermöglicht wird, bestimmte Eigenschaften eines Menschen anhand der ihm zugeordneten Ziffern zu identifizieren. Ein weiterer Begriff, der dieses Thema beschreibt, ist die Zahlensymbolik. Sie ist ein Synonym für die Numerologie und beschäftigt sich mit der Bedeutung hinter den einzelnen Zahlen und der Kombinationen dieser.

Bereits bei der Geburt wird der Lebensweg des Menschen festgelegt. Das bedeutet nicht, dass das Schicksal starr und unausweichlich ist, jedoch ist die grobe Richtung unserer Existenz bereits mit dem ersten Atemzug besiegelt. Trotzdem schließt die Numerologie dabei unseren freien Willen nicht aus. Wir sind dennoch frei in unseren Entscheidungen und bestimmen unsere Handlungen selbst. Die Zahlen jedoch schlagen eine Brücke zwischen unserem

Lebensverlauf und den uns innewohnenden Eigenschaften. Mithilfe der Nummern erhalten wir eine grobe Richtung beziehungsweise einen Statusbericht über die Ausgangslage unseres Wesens. Sie verraten uns, wer wir sind und was uns ausmacht.

Die Numerologie ist ein Hilfsmittel zur Aufdeckung und Deutung der Wesenszüge, die uns als einmaliger Mensch ausmachen. Dank ihr können wir nicht nur eine Verbindung zwischen unseren charakteristischen Eigenschaften und unserem Schicksal schließen, sondern zudem unsere Talente und Begabungen enthüllen. Die Zahlen verraten uns, welche Veranlagungen wir haben, wodurch wir leichter unsere Bestimmung in diesem Leben aufdecken und auch ausleben können. Zudem erfahren wir etwas über unsere sozialen Fähigkeiten und unseren Beziehungen zu anderen Menschen. Die Numerologie trifft sogar Vorhersagen über unser Leben: Harmonieren wir mit dieser einen Person? Was erwartet uns in der Zukunft? Welcher Beruf könnte eventuell erfolgversprechend sein?

Aufgrund dieser Eigenschaften ist die Numerologie mit der Astrologie verwandt. Horoskope binden immer die Bedeutungen der Zahlen in ihre Deutungen mit ein. Dem Großteil der Bevölkerung ist nicht bewusst, dass die Zahlen schon immer von einer kulturellen, religiösen und mystischen Bedeutung umgeben waren. Bereits seit der Entdeckung der Zahlen haben Beobachter erkannt, dass es einen Zusammenhang zwischen ihnen, den Menschen und ihren Lebensereignissen gibt. Sie spiegeln den Menschen ganzheitlich wider, und zwar innerlich wie äußerlich. Nicht nur seine Gedanken und Charaktereigenschaften werden durch die Zahlen aufgedeckt, sondern sie verraten auch etwas über seine Handlungen und den Umgang mit anderen Menschen sowie über Lebensumstände. Diese detaillierten Daten werden mithilfe des Namens und des Geburtsdatums ermittelt. Die Buchstaben werden in Nummern umgewandelt, die mithilfe der Berechnung der Quersumme einen bestimmten Zahlenwert ergeben, der wiederum für typische Eigenschaften und Schwingungen steht. Diese Schwingungen sind unverwechselbar und ziehen sich durch das gesamte Leben des Menschen. Egal, ob er in Interaktion mit einem Gegenüber tritt oder ein Problem des Alltags löst – die Schwingung kennzeichnet sein Denken und Handeln.

Wofür ist die Deutung der Zahlen gut?

Die Numerologie gibt uns nicht nur Aufschlüsse über uns selbst, welche Themen unser Leben bestimmen und welche Qualitäten oder Schwächen wir haben, sondern auch, in welchen Bereichen des Lebens wir uns auf welche Art zeigen. Dazu zählen Gesundheit und Ernährung, zwischenmenschliche Verbindungen, Begabungen, Beruf und Finanzen. All diese Informationen beschreiben hauptsächlich unser Wesen, also die Veranlagungen, mit welchen wir geboren wurden, sowie unseren Archetypus.

Der Begriff **Archetypus** kommt aus dem Altgriechischen (ἀρχέτυπον archétypon), und kann mit ‚Urbild, Original' übersetzt werden. Er steht für eine vollkommene sowie abstrakte Vorstellung einer Figur, die sich durch ihre idealtypischen Eigenschaften und Fähigkeiten auszeichnet. Die klassischen Beispiele für Archetypen sind unter anderem der Weise, der Krieger, der Unschuldige u. v. m. Jede einzelne dieser Gestalten erhält ihre Bezeichnung durch ihre typische Qualität, die allein ihr zugeordnet werden kann. Der Entdecker zum Beispiel sucht das Abenteuer, der Schöpfer steht für Innovation und der Rebell kämpft für die Freiheit, während der Liebende die Eigenschaften wie Vertrautheit und Fürsorge verkörpert. Bezüglich der Numerologie ermöglicht uns die Einteilung der Zahlen in Archetypen eine eindeutige Abgrenzung sowie ein besseres Verständnis für die jeweiligen typischen Eigenschaften, die die Zahlen widerspiegeln.

Was die Deutung der Zahlen zudem ausmacht, ist, dass wir mehr über die Ausgangslage unseres Lebens erfahren. Außerdem erhalten wir ein Hilfsmittel, mit dem wir das Leben an sich besser verstehen und begreifen können. Dank der Numerologie können wir Ereignisse und Situationen, die uns widerfahren, in einen Kontext mit unserem Lebensweg stellen. Sie gibt uns Aufschluss darüber, wie wir mit unseren Stärken Ziele erreichen, die richtigen Entscheidungen treffen, unserer Bestimmung folgen und die Lebensaufgabe erkennen.

Es werden Persönlichkeitsmerkmale sowie Glaubens- und Verhaltensmuster aufgedeckt, die uns nicht immer dienlich sind und uns selbst manchmal sogar im Weg stehen. Häufig kennen wir die eigenen unbewussten Charakteraspekte gar nicht, die unsere Denkweise und unser Verhalten maßgeblich beeinflussen. Was wäre, wenn wir diese negativen Merkmale loslassen und endlich freier entscheiden könnten? Wie würde unser Leben aussehen, wenn wir unsere Schwächen annehmen und unsere Stärken herausarbeiten würden? Das Bewusstmachen dieser Eigenschaften ist der erste Schritt zur Veränderung, denn dann können wir damit beginnen, an uns selbst zu arbeiten. Selbstreflexion und innere Arbeit als Weiterentwicklungsprozess sind hier wichtige Hilfsmittel. Jeder von uns wird geprägt durch emotionale Verletzungen und äußere Einflüsse, die uns mehr oder weniger stark belasten können. Häufig dienen sie als eine Lernaufgabe, an der wir wachsen und durch die wir einen Schritt weiter auf unserem Lebensweg gehen. Wir können endlich verstehen, warum uns bestimmte Dinge immer wieder geschehen, warum wir immer wieder an eine bestimmte Art Mensch geraten oder warum wir gewisse Herausforderungen meistern müssen. Der Lebensweg gibt uns einen Anhaltspunkt, in welche Richtung unser Dasein verläuft und vor allem, wo wir uns gerade befinden. Gehen wir in die richtige Richtung oder sträuben wir uns noch gegen unser Schicksal? Jagen wir krampfhaft einem Ziel hinterher, das einfach nicht für uns bestimmt ist, oder folgen wir unserer Bestimmung vertrauensvoll?

Anwendung der Numerologie innerhalb der Gesellschaft – Esoterischer Hokuspokus oder fundiertes Wissen?

In esoterischen Kreisen gilt die Numerologie, ebenso wie die Astrologie, als eine recht exakte Deutung der Lebensumstände. Wer einen Zugang zu dieser Art Bewusstsein besitzt und spirituellem Wissen nicht abgeneigt ist, wird schnell feststellen, wie zutreffend die auf Zahlen basierenden Informationen sind. Doch auch im exoterischen Bereich der Gesellschaft greifen viele Menschen immer wieder auf dieses Wissen zurück. Ob bei der Einstellung von neuem Personal zur Ermittlung der Begabungen des Bewerbers oder einer frischen Liebesbeziehung zur Bestimmung der Kompatibilität – auch wenn es nicht immer offensichtlich kommuniziert wird, wird dennoch die Zahlensymbolik fortwährend zur Hilfe gezogen. Die Numerologie finden wir immer wieder im Alltag: Anstehende Firmengründungen oder das Einstellen eines Firmenchefs werden selten dem Zufall überlassen und mit den Zahlen überprüft. Ein weiteres Beispiel ist die Zahl 13, die als Unglückszahl gilt und deshalb in

vielen Fällen weder als Hotelzimmer, als Stockwerk in Hochhäusern noch als Sitzplatz im Flugzeug anzufinden ist. Auch in Kindermärchen werden immer wieder die Zahlen 3 und 7 aufgegriffen, wie bei Schneewittchen und den sieben Zwergen oder den drei Prüfungen, die viele Märchenhelden zu absolvieren haben. Im Okkultismus spielt beispielsweise die 33 eine große Rolle.
Wie Sie sehen können, findet die Zahlensymbolik eine vielfältige Anwendung und das nicht nur in spirituellen Kreisen. Auch wenn die westliche Gesellschaft nur selten eine Verbindung zwischen der Numerologie und den Erscheinungen des Lebens anerkennt, so bedient sie sich dennoch auf vielfältige Weise ihrer Deutungen.

Vermeiden Sie es, sich und andere in eine Schublade zu stecken

Wir neigen dazu, uns mit unserem Namen, unserem Beruf oder familiären Status sowie materiellen Besitztümern zu identifizieren. Das äußert sich in den Momenten, in denen wir gefragt werden, wer wir sind und wir Antworten wie „Ich bin Max", „Ich bin Unternehmer" oder „Ich bin Vater" erwidern. Genauso gut lädt die Numerologie dazu ein, dass wir uns mit einer bestimmten Zahl identifizieren. „Ich bin eine 41 / 5" oder „Ich bin eine 30 / 3" könnten wir sagen. Doch all diese Begriffe und Bezeichnungen, von welchen wir glauben, dass sie unser Wesen, unsere Essenz, beschreiben, können uns nicht gerecht werden. Unsere Persönlichkeit ist viel zu komplex, sodass es unmöglich ist, sie auf wenige Eigenschaften oder gar eine Zahl herunterzubrechen.

Auch andere Menschen sind Väter, heißen Max, sind Unternehmer oder haben die 41 / 5 als Lebenszahl, doch es ist offensichtlich, dass diese Menschen dennoch nicht identisch sind. Es muss also noch andere Dinge geben, die uns unterscheiden, das bedeutet, dass es noch mehr hinter den oberflächlichen Charaktereigenschaften und dem materiellen Besitz geben muss, das unser Wesen und unseren Lebensweg beschreibt. Das Leben eines jeden einzelnen von uns Erdenbewohnern wird durch unterschiedliche Faktoren, wie Kultur, Familie, Erbanlagen, Kindheit, Wertvorstellungen, Interessen und Überzeugungen geprägt. Das verursacht, dass jedes Leben einzigartig ist und einen einmaligen Verlauf nimmt.

Das gilt ebenso für Menschen, die die gleichen Namenszahlen oder Lebenszahlen haben. Die Numerologie ist nur ein Teil der Betrachtungsweise, sie ist nur eine Möglichkeit, das Leben zu analysieren. Auch wenn wir beispielsweise im Wald zwischen Eichen und Tannenbäumen unterscheiden können, so gibt es dennoch keine zwei identischen Eichen oder Tannen. Genauso verhält es sich mit unserer eigenen Identität. Sie sind einmalig auf der Welt und mit nichts und niemandem zu vergleichen, trotzdem ähnelt Ihr Lebensweg einem Muster, das Sie mit anderen Menschen mit derselben Lebenszahl verbindet. Ihre Entscheidungen und Reaktionen auf bestimmte Umstände können sich also grundlegend von denen anderer unterscheiden, obwohl Sie die gleiche Nummernkombination vertreten. Die Numerologie soll Sie weder auf ein paar Charaktereigenschaften reduzieren noch Ihnen einen festgelegten Lebensweg vorschreiben. Vermeiden Sie das Schubladendenken und lassen Sie diese Überlegungen stets in die Betrachtung Ihrer persönlichen Numerologie miteinfließen.

ALTES WISSEN NEU ENTDECKT: DIE NUMEROLOGIE IN DER HISTORIK

Die Zahlenlehre ist ein bedeutender Bestandteil unseres Alltags, der einfach nicht mehr wegzudenken ist – und das ist er schon, seitdem der Mensch die Zahlen entdeckte. Was würden wir heutzutage machen, ohne die Uhrzeit zu kennen? Wie würden wir die Statik der Häuser, die Umsätze und Gewinne der Unternehmen oder die Nutzlast der Autos errechnen? Könnten wir überhaupt die Physik so detailliert ohne Zahlen und Gleichungen verstehen? Und das sind nur wenige Bereiche unserer Gesellschaft, die ohne die Zahlenlehre nicht existieren könnten.

Die Numerologie, wie wir sie heutzutage kennen, setzt sich aus den Ansätzen der Zahlenlehre **Babylons**, **Pythagoras** und seinen **Schülern** zusammen. Diese Konzepte basieren zudem auf einem astrologischen Verständnis, das seinen Ursprung vor vielen Jahrtausenden in einigen Teilen der Welt fand. Wie genau die Zahlen entdeckt wurden und wie sich daraus später die Numerologie entwickelte, werden wir uns nun genauer ansehen.

Die Entdeckung der Zahlen – die Anfänge der Numerologie

Die Betrachtung der Geschichte der Numerologie führt uns in die Hochkulturen des Orients, etwa 4.000 bis 2.000 vor Christus. In der Region Mesopotamiens, des heutigen Iraks, wurden einige der ältesten Anzeichen gefunden, die den ersten Gebrauch von Zahlen sowie erste Rechnungen vermuten lassen. Bereits vor vielen tausenden von Jahren war sich die Menschheit der Verbindung der Zahlen mit dem Kosmos bewusst, sodass sich der Beruf des Astrologen, der die Schwingungen des Lebens analysierte, weit verbreitete. So ordneten auch die Babylonier einigen Zahlen besondere Bedeutungen zu, weshalb man sie als die Pioniere der Zahlenmystik beschreibt.

Dass den Ziffern gewisse Qualitäten zugeschrieben werden, ist also keinesfalls eine neue Entwicklung, denn bereits seit den Anfängen der ersten Benutzung von Zahlen besteht die Verbindung zwischen diesen und der Mystik. So offenbart die Historie, dass das alte Ägypten, Indien und der Orient sich der esoterischen Ebene der Nummern widmeten. Begründet wurde dies vermutlich aus dem Zusammenhang mit der Astrologie, also der Betrachtung des Himmels.

Pythagoras – ein Mathematiker auf den Spuren der Mystik

Pythagoras von Samos war ein griechischer Mathematiker und Philosoph, der auch heute noch ein Begriff für die meisten Menschen ist. Er lebte von etwa 570 bis 510 vor Christus und verbrachte viel Zeit mit erkenntnisreichen Reisen, unter anderem im Orient. Neben seiner wissenschaftlichen Arbeit als Mathematiker widmete er einen großen Teil seiner Lebenszeit der Philosophie. Er kam zu der Erkenntnis, dass die Zahlen die Basis des gesamten Universums sind: Arithmetik und Geometrie ergeben gemeinsam mit der Philosophie und der Religion eine untrennbare Einheit. Pythagoras, der laut den meisten Quellen aufgrund seiner Ansichten als der Entdecker der Numerologie bezeichnet wird, war ein Wissenschaftler durch und durch und dennoch wusste er von der natürlichen Ordnung des Universums und der spirituellen Bedeutung der Zahlen. Als Vater der Mathematik war er der Meinung, dass alles und jeder Vorgang in Zahlenwerten ausgedrückt werden kann. Der Ansatz, auf dem dieses Konzept beruht, war die Annahme, dass alles, was existiert – seien es Gedanken, Dinge, Empfindungen, Eigenschaften oder Ideen –, durch die Zahlen von 1 bis 9 nicht nur symbolisiert, sondern auch interpretiert wird.

Während andere Philosophen das Grundelement zum Beispiel in Wasser, Feuer oder in der Luft sahen, vertrat Pythagoras die Ansicht, das Urprinzip aller existierenden Dinge liege in den Zahlen. Er ging davon aus, dass alles in der Natur mithilfe von Ziffern beschreibbar und erklärbar wird.

Gemäß der natürlichen Gesetzmäßigkeit „wie oben, so auch unten", die besagt, dass die kosmischen Gesetze sich auf der Erde widerspiegeln, empfängt auch der Mensch die Schwingungen des Universums. Das bedeutet, dass sein Leben von jenen Zahlen symbolisiert wird, die sich aus seinem Namen und seinem Geburtsdatum ergeben. Pythagoras vertrat die Überzeugung, dass auch der Charakter eines Menschen auf eine spezielle Weise schwingt, die in Zahlen umformuliert werden kann.

Diese geben Aufschluss über Eigenschaften, die die jeweilige Persönlichkeit auszeichnen. Der Mathematiker schrieb den Ziffern von 1 bis 9 eine besondere Bedeutung zu und dieses Wissen teilte er mit seinen vielen Schülern. Er begründete diesen Ansatz damit, dass diese Zahlen einen abgeschlossenen Zyklus der Schwingung ergeben, da sich alle existierenden Nummern auf 1, 2, 3, 4, 5, 6, 7, 8 und 9 zurückführen lassen. Dies ist durch die Bildung der Quersumme möglich, die in der Numerologie eine große Rolle bei der Ermittlung der persönlichen Zahlenwerte eine Rolle spielt, wie wir im Verlauf des Buches noch erkennen werden.

Die **Quersumme** ermöglicht es, mithilfe des Addierens aus einer mehrstelligen Zahl ein einstelliges Ergebnis zu erhalten. Beispielsweise ergibt 15 die 6, indem 1 mit 5 addiert wird. Mit dem gleichen Prinzip wird aus der 825 die 15 und schlussendlich die 6.

Von Platon über Rom bis hin zu Galileo Galilei und der Kabbala

Nach Pythagoras Lebenszeit fanden sich ähnliche Ansätze zur Zahlenmystik in den Lehren Platons, ein Philosoph, der etwa 428 bis 348 vor Christus lebte. Auch sein Wissen basierte auf der Annahme, dass die Zahlen das Urprinzip des Kosmos seien und durch ihre Darstellung Schönheit und Wahrheit begriffen werden kann. Auch im römischen Reich gehörte es zu den Aufgabengebieten der Priester, Zahlen im Rahmen der Numerologie zu deuten. Publius Nigidius Figulus, Plutarch und Nikomachos von Gerasa sind nur drei Namen von einflussreichen Lehrern der Zeit von etwa 100 vor Christus bis 200 nach Christus, die die spirituelle Seite der Zahlen ganz im Sinne Pythagoras aufdeckten.

Des Weiteren nahmen Araber und die islamische Kultur einen Einfluss auf die Lehre der Zahlen. Als griechische Mathematik auf arabische Gelehrte traf, entstand eine neue Art der Betrachtung der Nummern.

Galileo Galilei, ein bis heute bekannter Wissenschaftler, der von 1564 bis 1642 lebte, blieb ebenfalls nicht unbeeindruckt von der Mystik der Zahlen, weshalb er der Ergründung dieser nachging. Da jedoch zu jener Zeit diese Ansätze zum Okkultismus gezählt wurden, gingen bedeutende Individuen diesen Themen nur im Geheimen nach, um in der Öffentlichkeit ihr hohes Ansehen nicht zu riskieren. Einen weiteren Einfluss erhielt die Numerologie durch die Kabbala, die ein philosophischer und theologischer Bestandteil des Judentums ist und sich mit der Erkenntnis Gottes beschäftigt.

Innerhalb dieses Systems ist die Rede vom Lebensbaum mit seinen sogenannten 10 Knoten und den 22 Wegen, die diese Punkte miteinander verbinden. Später entwickelte sich auch eine christliche Form der Kabbala, die im 19. und 20. Jahrhunderts für die Deutung der Zahlen innerhalb der Numerologie herangezogen wurde.

Count Louis Hamon, der unter dem Pseudonym Cheiro von 1866 bis 1939 bekannt ist, war ein hoch angesehener Numerologe und formte ebenso die Zahlensymbolik, wie wir sie heute kennen. Durch seine Arbeit, die allerdings auf einem System ohne die Zahl 9 basiert, erfuhr die Welt von einem tiefgründigen spirituellen Zusammenhang zwischen den Zahlen und der Schwingung des Universums.

Die Numerologie heute

Das heutige System der Nummern kann auf einen zentralen Ursprung zurückgeführt werden: Pythagoras. Des Weiteren nahmen viele Kulturen und Gelehrte Einfluss auf die Zahlenmystik, wie wir sie heutzutage kennen. Ein wichtiger Aspekt, der mittlerweile integriert wurde, ist der psychologische. Dadurch gilt die Numerologie mittlerweile in spirituellen Kreisen als Hilfsmittel, um sich selbst tiefer ergründen zu können: Die Zahlensymbolik ermöglicht es, uns besser kennenzulernen und uns mit unseren angeborenen Neigungen, Verhaltensweisen und Begabungen auseinanderzusetzen. Manche sprechen sogar von der Wissenschaft des Charakters, wenn es um die Numerologie geht.

Zahlen und ihre Bedeutungen

GRUNDLAGEN

Die Numerologie besagt, dass jede Zahl ihre eigene tiefgründige Bedeutung besitzt. Je nachdem, welche Zahlen mit uns zum Beispiel durch das Geburtsdatum oder den Namen verbunden sind, erhalten wir viele Informationen zu unserem Charakter, zu Stärken, Schwächen, Begabungen und vielem mehr. Lassen Sie uns nun in die Bedeutung der einzelnen Zahlen eintauchen.

EINSTELLIGE ZAHLEN

Die einstelligen Zahlen von 1 bis 9 stellen die Grundlage einer jeden Analyse gemäß der Numerologie dar. Jede einzelne Ziffer besitzt dabei eine positive wie auch negative Seite innerhalb ihrer zugeordneten Eigenschaften, was sie lebendig macht. Alles auf der Welt, uns Menschen eingeschlossen, hat mehrere Seiten, denn nichts kann einfach einseitig gut oder schlecht sein. Personen haben immer mehrere Eigenschaften, die als positiv und negativ wahrgenommen werden, sodass jede Persönlichkeit eine lichte und eine dunkle Seite hat.

Die nun vorgestellten Aspekte der einzelnen Zahlen beruhen auf der jeweiligen Schwingung dieser. Diese Energie ist wie eine Signatur, die nicht nur bei Zahlen anzufinden ist, sondern die jedes Objekt, jeden Menschen, jedes Wort und alles andere, das uns umgibt, beschreibt. Aufgrund dieses „Fingerabdruckes" ist es Numerologen im Laufe der Jahrhunderte gelungen, gewisse Verbindungen zwischen Charaktereigenschaften, Verhaltensweisen, Menschen, Lebensumständen, Talenten und vielem mehr herzustellen.

Ein-stel-lige Zahl	Positive Eigenschaften	Negative Eigenschaften
1	Zielstrebig, ehrgeizig, ausdrucksstark, kommunikativ, unabhängig, individuell, wegweisend, kritisch, initiativ, führend	Aggressiv, egoistisch, stur, eigensinnig
2	Anpassungsfähig, intuitiv, diplomatisch, vermittelnd, kooperativ, bindungsfähig, einfühlend, partnerschaftlich, rücksichtsvoll, ausbalanciert	Launisch, unsicher, aufopfernd, passiv, beeinflussbar, konfliktvermeidend
3	Kreativ, begeisternd, tolerant, gelassen, ausdrucksstark, lebensfroh, interaktiv, sozial, kommunikativ, wortgewandt	Zerstreut, inkonsequent, ungeduldig
4	Ordentlich, strukturiert, ausdauernd, neutral, großzügig, hilfsbereit	Urteilend, starrsinnig
5	Visionär, abenteuerlich, freiheitlich, leidenschaftlich, weltoffen, konstruktiv	Impulsiv, unruhig, hemmungslos, unordentlich, isolativ, unzuverlässig, unbeständig
6	Schützend, ausgeglichen, harmonisch, idealistisch, opferbereit, mitfühlend, verantwortungsvoll, sozial, sympathisch	Ängstlich, perfektionistisch, starrsinnig, ernüchternd, selbstzufrieden
7	Verständnisvoll, intellektuell, fleißig, gerecht, sensibel, bewusst, ausgeglichen, analytisch, wissbegierig	still, überempfindlich, isolativ, arrogant, resignierend
8	Pragmatisch, autoritär, statusorientiert, logisch, strategisch, suchend, materialistisch, gerecht	dominant, aggressiv, hart, schadenfreudig, intolerant, unberechenbar
9	verbindlich, natürlich, menschlich, kreativ, geerdet	eitel, arrogant, egoistisch

Mithilfe der Numerologie kann für jeden einzelnen Menschen ein Profil aus verschiedenen Zahlen entwickelt werden, das eine Art Lebenskarte darstellt. Diese Darstellung umreist den Charakter des Menschen mit all seinen Stärken und Schwächen und sie wird anhand seines Geburtsdatums und Namens erstellt. Wie Sie Ihre Zahlen errechnen, welche Ziffern Ihnen persönlich zugeordnet werden können und Sie am besten beschreiben, erfahren Sie in den nächsten Kapiteln.

MEHRSTELLIGE ZAHLEN

Es gibt verschiedene Wege, um eine mehrstellige Zahl gemäß der Numerologie zu betrachten. Üblich ist die Bildung der Quersumme, wobei die einzelnen Zahlen, aus denen sich die mehrstellige Nummer zusammensetzt, miteinander addiert werden und so wiederum eine einstellige Ziffer ergeben. Diese wird als die Wurzelzahl bezeichnet und kann ‚normal', als einstellige Ziffer, gedeutet werden. Wenn wir beispielsweise die Zahl 25 näher betrachten, so ergibt sich folgende Berechnung für die Quersumme:

$$2 + 5 = 7$$

Die Summe 7 ist die Wurzelzahl und gemäß der oben aufgeführten Tabelle steht sie unter anderem für Wissensdurst, Fleiß und analytisches Denken, ebenso für Stille und Isolation.

ZAHLENKOMBINATIONEN

Eine weitere Deutungsmöglichkeit von mehrstelligen Zahlen ist die Analyse der Zahlenkombination. Dabei werden die Qualitäten aller Ziffern, aus denen sich die Kombination bildet, vereint und in Zusammenhang miteinander betrachtet.

Betrachten wir noch einmal das Beispiel von oben, die Zahl 25. So sollten für ihre Deutung sowohl die 2 als auch die 5 analysiert werden. Die 25 steht also unter anderem für Partnerschaft und gegenseitige Rücksichtnahme, aber auch für Abenteuerlust und Weltoffenheit. Im Fall einer doppelten Zahl, wie zum Beispiel 11, 44, 77, ... gilt, dass die Eigenschaften der jeweiligen Nummer besonders intensiv vertreten sind. Auch die 0, wenn sie in Verbindung mit anderen Zahlen (zum Beispiel bei 20, 80, 50, ...) auftritt, verstärkt die erste Zahl in ihrer Bedeutung.

Übrigens: Es ist empfehlenswert, für eine möglichst genaue und ganzheitliche Deutung der Zahlen immer beide Betrachtungen, also die der Quersumme und die der Kombination, durchzuführen.

DAS NUMEROLOGISCHE QUADRAT

Das numerologische Quadrat setzt sich aus den Zahlen des Geburtstages zusammen, die in der Form eines Quadrates angegeben werden. Hierfür werden die Zahlen, die in ihrer Kombination das Geburtsdatum ergeben, einzeln betrachtet, also in einstelliger Form.

Diese Darstellung ermöglicht die Analyse der Persönlichkeit in Hinblick auf Charakter, Fähigkeiten sowie Stärken und Schwächen. Um diesen Zusammenhang zwischen dem entstehenden Zahlenmuster und den Aspekten der Persönlichkeit herzustellen, werden einerseits die vorhandenen einstelligen Zahlen gedeutet und andererseits deren Verbindung zueinander. Innerhalb des Rasters bilden sich nämlich Zahlenkombinationen in Form von Ebenen, die weiter unten näher beleuchtet werden. Dieses entstehende Gesamtbild gibt dann Aufschluss über den jeweiligen Menschen, dessen Geburtsdatum verwendet wurde.

Das numerologische Quadrat besteht aus einer Tabelle mit je 3 Zeilen und Spalten und es hat folgenden Aufbau:

3	6	9
2	5	8
1	4	7

Kurze und prägnante Zusammenfassung der Zahlen für die Deutung:

Zahl	**Bedeutung**
1	Kommunikations- und Ausdrucksfähigkeit
2	Empathie und Intuition
3	Geistige Flexibilität
4	Praktische Veranlagungen
5	Leidenschaft und Willensstärke
6	Harmoniebedürfnis und Familienverbundenheit
7	Verständnis und Sympathie
8	Logisches Denken und Organisationsfähigkeit
9	Analytische Fähigkeiten

Nun wird überall dort die Zahl im Quadrat mit einem Punkt ersetzt, die nicht in dem zu analysierenden Geburtsdatum auftritt, sodass nur noch jene Ziffern zu erkennen sind, die auch im Datum vertreten sind. Außerdem werden Zahlen, die mehrfach vorkommen, ebenfalls vermerkt. Für das Beispiel **28.09.1965** ergibt sich die folgende Ansicht:

.	6	99
2	5	8
1	.	.

Mehrfache Zahlen weisen darauf hin, dass die jeweiligen Eigenschaften verstärkt sind, während die fehlenden Zahlen, die durch die Punkte gekennzeichnet sind, wenig ausgeprägte Charakterzüge bedeuten. In unserem Beispiel vereint der betroffene Mensch keine Aspekte der Zahlen 3, 4 und 7 in seiner Persönlichkeit, wohingegen die Aspekte der Zahl 9 besonders stark vorhanden sind. Für seine Charaktereigenschaften bedeutet dies genauer, dass dieser Mensch im beispielhaften Fall ausgezeichnete analytische Fähigkeiten (9) besitzt, wobei es ihm an Verständnis für andere Sichtweisen (7), geistiger Mobilität (3) und einer praktischen Umsetzung (4) seiner Ideen mangelt.

Die Ebenen des numerologischen Quadrates

Innerhalb des numerologischen Quadrates existieren gewisse Ebenen, die für die Analyse der Zahlen ebenfalls relevant sind. Ist eine Reihe, ob horizontal, vertikal oder diagonal, vollständig oder unvollständig, so sagt das etwas über eine Persönlichkeit aus. Sollte aufgrund eines bestimmten Geburtsdatums keine dieser Ebenen bzw. Linien zustande kommen, werden nur die Zahlen, o b vorhandene oder fehlende, analysiert. Die Anzahl der Reihen oder das Fehlen dieser ist nicht gleichzusetzen mit einem positiven oder negativen Charakter.

An dieser Stelle soll noch einmal daran erinnert werden, dass es keine richtigen oder falschen Zahlen beziehungsweise numerologischen Quadrate gibt.

Ebene / Reihe	**Bedeutung**
Horizontal	
1 – 4 – 7	Praxis und Planung
2 – 5 – 8	Leidenschaft und Sensibilität
3 – 6 – 9	Emotion und Exzentrizität
Vertikal	
1 – 2 – 3	Gedanken
4 – 5 – 6	Zielstrebigkeit und Willen
7 – 8 – 9	Energie und Untätigkeit
Diagonal	
1 – 5 – 9	Entschlossenheit
3 – 5 – 7	Verständnis und Mitgefühl

Unser Beispiel:

.	6	99
2	5	8
1	.	.

Im Quadrat sind vertikal beispielsweise die Ebenen 7 – 8 – 9 und 4 – 5 – 6 unvollständig, was darauf hindeutet, dass der Mensch eine wenig ausgeprägte schöpferische Energie besitzt sowie ziellos ist.

Die Diagonale 1 – 5 – 9 ist hingegen vollständig und steht für entschlossenes Handeln sowie der hohen Wahrscheinlichkeit, dass die persönlichen Ziele aufgrund dessen auch erreicht werden.

Auch die horizontale Ebene 2 – 5 – 8 ist komplett, was verrät, dass dieses Individuum einen ausgeprägten Sinn für Leidenschaft und Sinnlichkeit besitzt.

Sollte sich ein numerologisches Quadrat ergeben, in dem eine Zahl durch Punkte optisch isoliert ist, so deutet das auf einen Charakterzug hin, der als störend angesehen wird und mit Vorliebe verdrängt wird.

Dies ist beispielsweise beim numerologischen Quadrat von diesem Geburtsdatum der Fall: **23.11.1967**. Hier scheinen die Eigenschaften der Zahl 1 sehr ausgeprägt zu sein, während die der Zahl 7 nicht unbedingt von diesem Menschen gewünscht werden. Es scheint, als wenn er die ihm innewohnenden Aspekte des Verständnisses und der Sympathie entweder noch nicht annehmen oder noch nicht offen zeigen kann.

3	6	9
2	.	.
111	.	7

Anwendung der Numerologie

DIE PSYCHOLOGISCHE BEDEUTUNG DER NUMEROLOGIE

Die Numerologie steht in einem engen Zusammenhang mit unserer Persönlichkeit. Mit den Zahlen wird versucht, den Charakter eines Menschen zu beschreiben und dabei all die Aspekte aufzuzeigen, auf welchen sich eine individuelle Identität begründet. Der Fokus liegt dabei nicht nur auf den positiven Seiten, also auf den Stärken, Eignungen und angenehmen Eigenschaften, sondern auch die Schwächen mit allen negativen Gesichtspunkten, die der Mensch aufweist, werden beleuchtet.

Jede einzelne Zahl besitzt einen eigenen Fingerabdruck – es wird von einer bestimmten **Schwingung** gesprochen. Diese spiegelt die Qualitäten wider, die bereits in Form von positiven und negativen Eigenschaften aufgezählt wurden. Diese Schwingungen wirken nicht nur auf die Menschen, sondern sie beeinflussen auch ihr alltägliches Leben. So kann die Psyche der Menschen im Rahmen der Zahlensymbolik mithilfe der Kombination von verschiedenen Nummern beschrieben werden. Selbstverständlich wird jeder Einzelne von uns individuell von Lebensumständen, Dogmen, Erziehung, Kultur und vielem mehr stark geprägt, sodass die Numerologie niemals alle Facetten der höchst individuellen Persönlichkeit eines Menschen wiedergeben könnte. Sie ist lediglich eine Annäherung an die Fakten, dazu jedoch eine sehr genaue. Sie zeigt Tendenzen auf, wie sich der Charakter höchstwahrscheinlich verhalten wird und in die sich das Leben entwickeln wird. Alles Weitere, sprich, wie wir die Informationen deuten und inwiefern wir sie für unsere persönliche Entwicklung nutzen, liegt ganz und gar bei uns selbst.

DIE BEDEUTUNG DER GEBURTSZAHL

Unter der Geburtszahl versteht man jene Zahl, die aus der Quersumme des Geburtstages errechnet wird. Wichtig ist dabei, das vollständige Geburtsdatum zu berücksichtigen – doch zur Berechnung später mehr.

Der Tag, an dem wir den sicheren Schoß der Mutter verlassen und das allererste Mal frische Luft eingeatmet haben, hat eine große Bedeutung für unser gesamtes Leben. Jeder Tag besitzt eine ganz eigene Schwingung mit verschiedenen Qualitäten. Diese Energien, die an unserem Geburtstag vorherrschten, prägen dementsprechend auch uns und unsere Existenz. In der Numerologie wird hier von der sogenannten **Grundenergie** gesprochen, die in unterschiedliche, um genau zu sein in **9**, Zahlenwerte eingeteilt werden kann. Die Ziffern 1 bis 9 stehen für ebendiese Schwingungen.

Wir neigen dazu, uns nur einer einzigen Geburtszahl, und zwar der, die sich aus unserem Geburtsdatum ergibt, zuzuwenden, doch dabei können die Grundenergien nicht klar abgegrenzt werden. Die Übergänge sind eher als ineinander fließend zu betrachten, so spielt auch gegebenenfalls die genaue Uhrzeit der Geburt eine Rolle. Ist ein Kind bis zu drei Stunden vor oder nach Mitternacht geboren worden, so hat es auch Aspekte der Grundenergie des vorausgegangenen oder kommenden Tages verinnerlicht.

Die Geburtszahl wird unter den Numerologen auch als **‚Lebenszahl'** bezeichnet. Beide Begriffe haben dieselbe Bedeutung, denn sie verraten uns all die Eigenschaften, mit welchen wir geboren wurden. Dazu zählen Talente, Fähigkeiten und unsere Veranlagungen. Das sind allerdings nur allgemeine Angaben, die durch weitere Faktoren, wie zum Beispiel durch die Schwingung des Namens, noch weiter verstärkt oder eben abgeschwächt werden. Trotz der Einteilung in nur 9 Bereiche ist und bleibt die Numerologie der Geburtszahl also eine höchst individuelle Angelegenheit.

WIEDERKEHRENDE KOMBINATIONEN

Die Numerologie beschränkt sich nicht nur auf Zahlen, die sich beispielsweise aus unserem Geburtsdatum oder Namen ergeben, also jene Zahlen, die festgelegt sind und nicht geändert werden können. Ganz im Gegenteil begegnen uns im Laufe unseres Lebens immer wieder auffällige Kombinationen, die unsere Aufmerksamkeit erregen und uns eine Botschaft überbringen. So können wir auch im Alltag immer wieder Deutungen bezüglich aktueller Ereignisse oder anstehender Entscheidungen treffen. Wenn wir Fragen über unser Leben stellen, ob wir zum Beispiel gerade das Richtige tun oder ob ein bestimmter Weg der beste für uns ist, dann können wir darauf vertrauen, eine Antwort vom Universum zu erhalten. Eine Möglichkeit ist dabei die über Zahlen. Wenn uns eine bestimmte Kombination regelrecht ins Auge fällt oder uns gar zu verfolgen scheint, dann können wir uns sicher sein, dass das Universum uns etwas zu sagen hat.

ENGELSZAHLEN

Engelszahlen sind, ebenso wie die wiederkehrenden Kombinationen im Alltag, bestimmte Zahlenfolgen, die uns im Verlauf unseres Lebens begleiten. Diese Ziffern sind dabei spezielle Botschaften von unseren Engeln, die auch als Geistführer bezeichnet werden. Sie unterstützen und führen uns, wobei sie sich unter anderem durch Gedanken und Emotionen, Visionen, Synchronitäten und andere Zeichen bemerkbar machen oder sich eben der Macht der Zahlen bedienen. Sind wir aufmerksam, so offenbaren sich uns diese wichtigen Nachrichten. Genau an dieser Stelle verlagert sich die Numerologie von der Theorie in die Praxis und wir können sie ganz leicht in unserer alltäglichen Routine anwenden. Wenn uns eine Zahlenfolge auffällt und wir das Gefühl verspüren, dass wir sie näher untersuchen sollten, so ist es ratsam, dem Gefühl zu folgen. Die Interpretation der Engelszahlen könnte wichtige Informationen für unser Leben bereitstellen: Vielleicht betreffen sie die momentan anstehende Entscheidung oder einen aktuellen Lebensumstand, der für uns fraglich ist. Die Engelszahlen könnten einstellige, zweistellige und dreistellige Zahlen sein, aber auch komplexere Kombinationen sind möglich. Jede einzelne Nummer hat dabei eine ganz eigene, konkrete Bedeutung, die sich aus den Qualitäten der jeweiligen Zahlen zusammensetzt, die Botschaft ist allerdings auch abhängig von der Reihenfolge der Ziffern. So stellt jede Engelszahl individuelle Informationen für seinen Empfänger dar.

NUMEROLOGISCHE BERATUNG

Die numerologische Beratung basiert auf der Erstellung der Zahlen für die zu beratene Person. Im Gegensatz zum Horoskop, das Astrologen nach der Sternenkonstellation erstellen, ist die Numerologie ein Werkzeug, das nicht nur eine Auskunft über die Persönlichkeit eines Menschen gibt, sondern zudem Ratschläge in den Themenbereichen wie Liebe oder Beruf erteilen kann. Aus diesem Grund suchen viele Menschen Antworten auf ihre Lebensfragen in einem numerologischen Coaching. Eine numerologische Beratung ist dann sinnvoll, wenn die betroffene Person offene Fragen hat oder nach Wegen der Verbesserung der Lebensqualität sucht, darunter fallen unter anderem folgende Symptome:

- Sie sind überfordert mit dem Leben und haben das Gefühl, immerzu kämpfen zu müssen.
- Sie sehen keinen Sinn in Ihrem Leben und fragen sich, wofür Sie so hart arbeiten.
- Sie haben Probleme damit, Ihre eigenen Stärken zu identifizieren, denn Sie neigen dazu, nur Ihre negativen Seiten wahrzunehmen.
- Sie fragen sich, was Ihre wahre Natur ist, was hinter Ihrer aufgesetzten ‚Maske' steckt.
- Sie sind der Meinung, sich nur schwer gegen andere behaupten zu können.
- In einer Liebesbeziehung bemerken Sie, dass Sie sich regelrecht aufopfern, doch dabei geht es Ihnen nicht gut.
- Sie haben das Gefühl, keinen Wert zu besitzen, und fühlen sich deswegen schuldig.

Während der Beratung soll ein möglichst realistisches und unverfälschtes Profil des Menschen erstellt werden, das positive wie auch negative Eigenschaften vorurteilsfrei veranschaulicht. Wichtig dabei ist es, auch die Seiten offenzulegen, die die betroffene Person am liebsten verstecken würde oder gar verdrängt. Häufig liegen die Begabungen in genau diesen verborgenen Bereichen des Selbst, die wir teilweise seit Jahren oder gar Jahrzehnten nicht anschauen wollen. Viele Frauen beispielsweise unterdrücken ihre starke Energie und Präsenz, da sie befürchten, dass ihr dominantes Auftreten gesellschaftlich nicht akzeptiert wird und ihnen im Beruf die Chancen auf Erfolg mindert. Doch wenn sie den Mut finden, diese Seite, die starke Führungsqualitäten vermuten lässt, an sich anzunehmen, könnten sie einen ungeahnten Fortschritt in ihrer Persönlichkeitsentwicklung wie auch in beruflicher Hinsicht machen. Diese Frauen müssen lernen, die Facetten ihres Charakters zu identifizieren und für sich zu nutzen, denn erst dann werden sie ihr volles Potenzial ausschöpfen können, wie sie es sich vorher nie hätten vorstellen können. Während der numerologischen Beratung sollen genau diese verborgenen Begabungen aufgedeckt werden. Jetzt wird auch deutlich, warum es so wichtig ist, ein umfassendes Bild der zu beratenen Person zu erstellen, ohne auch nur einen einzigen Aspekt auszulassen.

Für das Coaching auf Basis der Zahlensymbolik wird lediglich der Name und das Geburtsdatum benötigt. Daraufhin werden die Zahlen, darunter Lebenszahlen, Namenszahl, Seelenzahl und viele mehr, ermittelt, die in ihrer Gesamtheit eine umfangreiche Analyse des Charakters eines Menschen abgeben. Es spielt keine Rolle, ob derjenige, der die Beratung durchführt, die zu beratene Person persönlich kennt, denn das Coaching beruht einzig und allein auf der numerologischen Deutung der Zahlen des Geburtsdatums und des Namens. Im Gegensatz zum Horoskop geht die Zahlensymbolik einen Schritt weiter, denn anhand der Beschreibung der Persönlichkeit und der jeweiligen Zahlen können Ratschläge bezüglich beruflicher Entscheidungen und des Werdegangs oder des Liebeslebens gegeben werden. Die offengelegten Stärken und Schwächen des Individuums, die Herausforderungen, ob alltäglich oder nicht, sowie mögliche Gedanken- und Verhaltensmuster geben Aufschluss darüber, welche Empfehlungen gegeben werden können. Der folgende Leitfaden zeigt auf, wie die Beratung eines Menschen auf der Basis der Numerologie ablaufen könnte und welche Bereiche dabei behandelt werden sollten.

1. Welche numerologisch relevanten Zahlen ergeben sich aus dem Namen und dem Geburtsdatum der zu beratenen Person?
2. Welche Charaktereigenschaften zeichnen die Persönlichkeit aus?
3. Welche Stärken und Schwächen lassen sich formulieren?
4. Welche Bereiche der Persönlichkeit erfordern einen Handlungsbedarf?
5. Zu welchem Verhalten neigt der Mensch bezüglich sozialer Beziehungen?
6. Welche Rolle nimmt er innerhalb einer intimen Partnerschaft ein?
7. Welches Verhältnis pflegt die Person zu ihrer Familie?
8. Welche prägenden Kindheitsereignisse wirken sich auch heute noch auf das Leben des Menschen aus?
9. Welche Dogmen bestimmen sein Leben?
10. Welche Heilungsvorschläge lassen sich daraus ableiten?
11. Welche Beobachtungen lassen sich bezüglich der körperlichen und geistigen Gesundheit machen?
12. Wie können die gesundheitlichen Beschwerden unter Berücksichtigung der individuellen Konstitution gemindert werden?
13. Welche Rolle nimmt die Persönlichkeit innerhalb seiner Arbeit ein?
14. Welche Empfehlungen bezüglich der Berufsausrichtung können aufgrund seiner Stärken und Schwächen getroffen werden?
15. Welche Herausforderungen zeigen sich auf?
16. Wie können diese Hürden gemeistert werden?
17. Welche zentralen Begabungen und Talente lassen sich feststellen?
18. Welche Lebensbestimmung kann sich daraus ableiten lassen?
19. Wie kann die Bestimmung des Menschen erfolgreich und vollumfänglich in sein Leben integriert werden?
20. Welche zentralen Erkenntnisse lassen sich aus der numerologischen Beratung zusammenfassen?

Die Lebenszahlen

Die Lebenszahlen sind jene Nummern, die uns Aufschluss über unseren Lebensweg geben. Wir erfahren etwas über unsere Persönlichkeit und Themen, die besonders unser Leben zu bestimmen scheinen, sowie unsere Verhaltensweisen. Außerdem geben uns die Interpretationen hilfreiche Tipps mit an die Hand, wie wir unsere Schwächen annehmen und mit unseren Schwächen umgehen können, ganz besonders im Umgang mit anderen Menschen.

Das Ermitteln der Lebenszahl

Für die Bestimmung der Lebenszahl müssen wir uns der Berechnung der Quersumme bedienen. Der Ausgangspunkt für diese Ermittlung stellt das Geburtsdatum dar. Das Ergebnis, das sich aus der Quersumme ergibt, ist entweder einstellig oder zweistellig und wird die Wurzelzahl genannt. Diese wiederum wird auf eine einstellige Zahl verringert, die somit die Lebenszahl ergibt.

Folgen Sie diesen einfachen Punkten zur Errechnung Ihrer Lebenszahl. Zum besseren Verständnis wird das Prinzip Schritt für Schritt in Form eines Beispiels verdeutlicht.

1. Schreiben Sie Ihr vollständiges Geburtsdatum auf.
Beispiel: Geburtsdatum: 19. Juni '87

2. Wandeln Sie das Datum so um, dass Sie ausschließlich Zahlen vor Ihnen sehen. Geben Sie Ihrem Geburtsmonat die ihm zugehörige Zahl.

Januar: 1
Februar: 2
März: 3
April: 4
Mai: 5
Juni: 6
Juli: 7
August: 8
September: 9
Oktober: 10
November: 11
Dezember: 12

Achten Sie auch darauf, dass das komplette Jahr angegeben wird.
Beispiel: Der Juni entspricht dem 6. Monat des Jahres. Ausgeschrieben lautet das Geburtsdatum folgendermaßen: 19.06.1987

3. Nun setzen Sie zwischen jede einzelne Zahl ein Pluszeichen (+), nachdem Sie die Nummern Ihres Geburtsdatums hintereinander geschrieben haben.
Beispiel: Werden die Punkte entfernt und wird jede Zahl mit einem Pluszeichen voneinander getrennt, so ergibt sich aus 19061987 die Rechnung 1 + 9 + 0 + 6 + 1 + 9 + 8 + 7

4. Bestimmen Sie nun die Quersumme, indem Sie die Summe der Zahlen errechnen. Sie werden ein einstelliges oder zweistelliges Ergebnis erhalten, das als die Wurzelzahl bezeichnet wird.
Beispiel: Die Wurzelzahl ergibt sich aus dem Summieren der Zahlen, also dem Ergebnis der Rechnung: 1 + 9 + 0 + 6 + 1 + 9 + 8 + 7 = 41

5. Ist die Wurzelzahl einstellig, so ist die Berechnung der Lebenszahl abgeschlossen. Solange die Wurzelzahl zweistellig ist, bilden Sie erneut die Quersumme, indem Sie die beiden Zahlen durch ein Pluszeichen voneinander trennen und die Summe errechnen. So erhalten Sie Ihre Lebenszahl.
Beispiel: Aus dem Ergebnis 41 wird erneut die Quersumme gebildet, sodass sich die Lebenszahl ergibt: 4 + 1 = 5

6. Für dic Persönlichkeitsanalyse werden die Wurzelzahl und die Lebenszahl zusammen betrachtet. Die Schreibweise trennt dabei die Zahlen durch einen Schrägstrich. So ergibt sich die Form ‚**Wurzelzahl / Endsumme**'.

Übrigens kann es dazu kommen, dass eine dreiteilige Kombination entsteht, sollte auch die Endsumme wie bei dem Beispiel 28 / 10 / 1 oder 47 / 11 / 2 zweistellig sein. In diesem Fall bilden Sie erneut die Quersumme. In manchen Fällen wird die dritte Zahl nicht ausgeschrieben, doch Sie sollten sie dennoch nicht außer Acht lassen, wenn Sie die Bedeutungen der einzelnen Lebenszahlen analysieren.
Beispiel: Die vollständige Lebenszahl ergibt sich aus der Quersumme des Geburtsdatums und dessen Quersumme, genauer gesagt aus der Wurzelzahl und der Lebenszahl, die mit einem Schrägstrich voneinander getrennt werden: 41 / 5

7. Prüfen Sie erneut Ihre Rechnung auf mögliche Fehler, die das Ergebnis verfälschen. Stellen Sie sicher, dass Sie auch wirklich Ihre korrekte Lebenszahl ermittelt haben.

Die erste Nummer der vollständigen Lebenszahl, die links des Schrägstriches, steht für das Innere unseres Wesens, also unser Unterbewusstsein, unsere Gedanken und Sehnsüchte.

Die zweite Zahl hingegen, die, die sich rechts von dem Schrägstrich befindet, beschreibt unser Verhalten im Äußeren, also so, wie wir uns in unserem Umfeld zeigen und wie andere Menschen uns sehen. Sie ist die allgemeine Schwingung, die unseren Lebensweg kennzeichnet.

Für das 20. Jahrhundert gibt es 37 mögliche Lebenszahlen, die sich aus einem Geburtsdatum zwischen den Jahren 1900 und 1999 ergeben können. Wenn Sie im 20. Jahrhundert geboren wurden, ist diese Liste für Sie interessant:

	20 / 2		
12 / 3	21 / 3	30 / 3	
13 / 4	22 / 4	31 / 4	40 / 4
14 / 5	23 / 5	32 / 5	41 / 5
15 / 6	24 / 6	33 / 6	42 / 6
16 / 7	25 / 7	34 / 7	43 / 7
17 / 8	26 / 8	35 / 8	44 / 8
18 / 9	27 / 9	36 / 9	45 / 9
19 / 10 / 1	28 / 10 / 1	37 / 10 / 1	46 / 10 / 1
	29 / 11 / 2	38 / 11 / 2	47 / 11 / 2
		39 / 12 / 3	48 / 12 / 3

Für das 21. Jahrhundert ergeben sich meist dieselben Zahlen. Seltener führt das Geburtsdatum ab dem Jahr 2000 jedoch zu einstelligen vollständigen Lebenszahlen, statt, wie zuvor, dreistelligen oder vierstelligen Kombinationen. Sollten Sie erst im 21. Jahrhundert geboren worden sein, könnte es durchaus passieren, dass sie einer der folgenden Zahlen zugeordnet werden können. Neue Lebenszahlen, die neben denjenigen des 20. Jahrhunderts auftreten könnten, sind diese:

4
5
6
7
8
9
10 / 1
11 / 2

Bei der Analyse der Lebenszahl in Bezug auf die Persönlichkeit spielt die Endsumme, also die Zahl rechts vom Schrägstrich, eine zentrale Rolle. Dennoch nehmen auch die einzelnen Zahlen links vom Schrägstrich einen Einfluss auf den Charakter des jeweiligen Menschen.

Wenn wir noch einmal auf das willkürliche, oben berechnete Beispiel 41 / 5 zurückkommen, so kann eine Persönlichkeit mit dieser Lebenszahl die Eigenschaften der Zahl 5 zugeschrieben werden, inklusive der Einflüsse, die die Zahlen 4 und 1 ausüben. Aus dieser Kombination setzt sich dann die psychologische Analyse zusammen.

Häufige Fehler, die bei der Errechnung der Lebenszahl gemacht werden, führen dazu, dass das Endergebnis aus einer falschen Zahl besteht.

1. Es kann zum Beispiel vorkommen, dass der Monat nicht die ihm zugeordnete Nummer erhält, wenn also statt 7 die 6 für den Juli angegeben wird.

2. Wichtig ist auch, dass das komplette Geburtsjahr angegeben wird, es müssen also vier Jahreszahlen sein. '87 statt 1987 reicht also nicht aus.

3. Zudem kommt es oft vor, dass die Zahlen nicht korrekt durch das Pluszeichen getrennt werden. Wenn also beispielsweise der 10. November 1948 fälschlicherweise mit 10 + 1 + 1 + 1 + 9 + 4 + 8 geschrieben wird, ergibt sich ein Ergebnis von 34, statt 1 + 0 + 1 + 1 + 1 + 9 + 4 + 8 = 25.

4. Wenn Sie nicht noch einmal nachrechnen sollten, kann es sein, dass Ihnen diese Fehler nicht auffallen und Sie sich mit einer Lebenszahl befassen, die nicht Ihrer entspricht. Kontrollieren Sie Ihre Rechnung also lieber im Anschluss erneut, um die häufigen Fehler zu vermeiden.

„Richtige" und „falsche" Numerologie

Wichtig ist ebenso, anzumerken, dass es weder eine richtige oder falsche Lebenszahl gibt noch die eine Lebenszahl besser oder schlechter als die andere ist. Auch wenn es seltenere Kombinationen gibt, bedeutet dies nicht, dass diese mehr wert sind und eine höhere Bedeutung besitzen. Jede Zahl hat ihre eigenen Qualitäten und Themenbereiche, die sie abdeckt, ebenso wie jeder Mensch einmalig ist und ein Leben mit anderen Beziehungen, Höhen, Tiefen sowie Stärken und Schwächen führt. Das stellt niemanden auf ein Podest oder macht jemand anderen minderwertig. Die Lebenszahlen zeigen lediglich auf, dass wir alle verschieden und dennoch gleichwertig sind.

Allgemeine Einteilung der Lebenszahlen

Für die folgenden Bedeutungen der Zahlen wird vor allem die einstellige Endzahl betrachtet, wobei auch näher auf die vollständigen, konkreteren Lebenszahlen eingegangen wird. Die Nummern 11, 22 und 33 werden ebenfalls näher analysiert. Jeder einzelnen Lebenszahl wird zudem ein Archetypus zugeordnet, der die grundlegenden Charakteristika dieser am besten zu beschreiben scheint. Grundsätzlich können die Ziffern 1 bis 9, ergänzt durch 11, 22 und 33 in drei Bereiche unterteilt werden: bei den Zahlen 1, 2, 3, 4, 5 und 6 spricht man von den **individuellen Lebenszahlen**. Sie fassen vor allem die Menschen zusammen, die ihre Existenz mit all ihren Aspekten erfahren wollen, den guten wie den schlechten. Die eigene Entwicklung steht dabei im Vordergrund. Innere Arbeit bringt diesen Menschen ihre Individualität näher und sie setzen sich mit ihren Qualitäten auseinander. Die Zahlen 7, 8 und 9 werden die **spirituellen Lebenszahlen** genannt. Zu dieser Gruppe können Menschen gezählt werden, die das Leben tiefgründiger betrachten. Sie fühlen sich im Allgemeinen zur Spiritualität und Ähnlichem hingezogen und meistens besitzen sie eine ganz besondere Verbindung sowie ein tiefes Verständnis für die Natur und die kosmischen Gesetze – und das bereits seit ihrer Geburt.

Die **Meisterzahlen** heben sich durch ihre Zweistelligkeit von den restlichen Lebenszahlen ab. Die doppelte Zahl weist darauf hin, dass die Qualitäten der Zahl verstärkt sind und zudem die Quersumme der Zahl ebenfalls einen Einfluss auf die Persönlichkeit besitzt. Menschen, die mit einer Meisterzahl geboren wurden, neigen bereits seit dem Beginn ihres Lebens zur Spiritualität, auch wenn diese nicht immer ausgelebt wird. Auf die Meisterzahlen 11, 22 und 33 wird aufgrund ihrer Häufigkeit unter den Lebenszahlen im Folgenden näher eingegangen.

Zu unserem Beispiel 41 / 5:

Die Lebenszahl 41 / 5 wird durch die Endsumme 5 zu den sogenannten individuellen Lebenszahlen gezählt. Der Mensch, der dieser Gruppe zugeordnet werden kann, fokussiert sich in seinem Leben größtenteils auf sich selbst, denn sein inneres Bedürfnis ist es, sich selbst mit all seinen Facetten erkunden zu wollen. An seinen Erfahrungen, ob sie nun als positiv oder negativ eingeschätzt werden, wird dieser Mensch wachsen, sodass seine Persönlichkeit reifen kann. Nach und nach wird er herausfinden, welche Stärken er besitzt und wie er ebendiese nutzen kann, um im Leben voranzukommen.

NUMEROLOGIE DER LEBENSZAHL 1 – ENERGETISCHER VORKÄMPFER

Bezeichnung	**Merkmale**
Archetypus	Pionier
Kennzeichnende Tugend	Mut
Auftrag der Seele	Das Annehmen der eigenen Unvollkommenheiten und das Lernen aus den Fehlern

Der Pionier

Der Pionier zeichnet sich durch seine Eigenständigkeit und seine Visionen aus, die seiner Zeit meist voraus sind. Die Verwirklichung seiner Ideen nutzt er als Möglichkeit, um seine Kreativität auszuleben, Selbstverantwortung zu übernehmen und um sich geistig herauszufordern. Er strebt nach dem Ausdruck seiner Fähigkeiten und Werte, wobei er sich frei entfalten kann und in seiner Persönlichkeit wächst. Der Pionier ist ein Anführer, der mit Mut voranschreitet, wo andere noch zögern und sich zurückhalten würden.

Charakter – Eigenschaften und Schwächen

Menschen, die die Lebenszahl 1 besitzen, werden durch Eigenschaften wie Zielstrebigkeit, Tatkräftigkeit und Ehrgeiz geprägt. Ihnen ist zudem die eigene Freiheit sehr wichtig, weshalb sie viel Wert auf Unabhängigkeit und Selbstbewusstsein legen. Immer wieder beweisen diese Menschen, dass sie besonders leidenschaftlich und willensstark in allen Lebensbereichen auftreten, doch genauso gut kann der Ehrgeiz in Egoismus, Eigensinnigkeit und übermäßigen Stolz kippen. Die Art der Menschen, die der Lebenszahl 1 zugeschrieben werden, präsentiert immer einmal wieder ihre Schwächen in der Form von unbeugsamen und uneinsichtigen Handlungen. Generell zeigen diese ein dominantes Verhalten gegenüber anderen und gelten als rechthaberisch. Wenn sich diese Menschen nicht gehört fühlen oder ihre Kompetenzen nicht wertgeschätzt werden, neigen sie dazu, sehr bestimmend zu werden, denn die Lebenszahl 1 wird oft geprägt durch den Glaubenssatz, der besagt, dass man kämpfen müsse, um sich durchsetzen zu können. Trotz ihrer Schwächen gelten diese Menschen in ihrer Umgebung dennoch als ein beliebtes Mitglied der Gesellschaft, das sich mit Charisma und guter Ausdrucksfähigkeit sowie Ausdruckskraft zu zeigen weiß. Andere schauen zu ihnen auf, denn Menschen mit der Lebenszahl 1 sprechen nicht nur von Vorhaben und Veränderungen, sondern sie lassen ihren Worten auch Taten folgen. Ihr beeindruckender Wille, der klare Fokus und die Aufmerksamkeit, mit denen sie ihre Absichten umsetzen, sind bemerkenswert. Oftmals werden sie deshalb als ein Vorbild angesehen, das sein Umfeld zu überzeugen weiß. Die Menschen, die wir der Lebenszahl 1 zuschreiben können, zeichnen sich vor allem auch durch eine großartige Schöpferkraft und einen starken Geist aus. Sie sind feinfühlig und sensibel, weshalb sie ausgeprägte Träume, Visionen und Ziele haben. Diesen Plänen jagen sie mit einem klaren Vorhaben nach, wobei sie nur sehr ungern Schwäche zeigen. Sie selbst nehmen das Leben als sehr intensiv und mit einer großen Geschwindigkeit wahr, weshalb sie anderen gegenüber meist ungeduldig sind. Das Tempo und der Arbeitsrhythmus anderer Menschen scheinen ihnen oft zu langsam.

Ein Mensch, der durch die Lebenszahl 1 geprägt ist, hat oft Probleme, mit eigener Schwäche oder Fehlern umzugehen. Er sorgt immer dafür, dass er nach außen hin weder zögerlich noch unentschlossen wirkt, denn sein von Stärke und Willenskraft geprägtes Ansehen ist ihm sehr wichtig. Diese Art von Menschen haben es gern, wenn man sie als Vorbild anerkennt und ihnen eine Führungsposition zuordnet. Fühlen sie sich wertgeschätzt und angesehen, zeigen sie sich großherzig und geben eine bewundernswerte Autoritätsperson ab, die nicht nur Pläne schmiedet, sondern diese auch erfolgreich umsetzt. Innerhalb einer Gruppe können sie durchaus kritikfähig sein, trotzdem kann das volle Potenzial am besten und erfolgreichsten entfaltet werden, wenn allein gearbeitet wird. Dennoch kann ein Mensch mit der Lebenszahl 1 seine Schattenseite zum Vorschein bringen, vor allem, wenn er provoziert wird oder andere ihn ablehnen. Herrisches, unvernünftiges und reizbares Verhalten treten so zu Tage, ebenso Eigenschaften wie Introvertiertheit, Launenhaftigkeit und Ungeselligkeit.

Soziales Verhalten, menschliche Beziehungen, Familie und Partnerschaften

Die Beziehungen zu anderen fallen Menschen mit der Lebenszahl 1 nicht immer leicht. Besonders, wenn sie kein Bedürfnis verspüren, sich zu öffnen und ihre eigenen Gedanken und Gefühle mitzuteilen, können sie sehr schwer eine Bindung zu ihren Mitmenschen aufbauen. Sie sind der Meinung, dass ihre Handlungen wichtiger sind als Worte, und somit gelingt es ihnen nur selten, ihre Zuneigung und Liebe anderen gegenüber zu kommunizieren. Sie werden gern als verschlossen bezeichnet.

Innerhalb der Familie neigen Persönlichkeiten, die die Lebenszahl 1 besitzen, dazu, sich allein zu fühlen. Vor allem den Eltern gegenüber zeigen sie Probleme bei der Kommunikation, denn sie sehen Mutter und Vater nicht als ihre Vorbilder an. Die Beziehung zum Vater stellt eine besondere Herausforderung dar, denn sie ist häufig von schweren Konflikten, Anschuldigungen sowie wenig Verständnis und Respekt geprägt. Hier liegt der Ursprung für den Glaubenssatz, das Leben sei schwer und die Welt ist gegen die Menschen. Um überleben zu können, müsse gekämpft werden, ansonsten könne man sich nicht behaupten. Diese Überzeugung entsteht häufig schon früh in der Kindheit und zieht sich durch das gesamte Leben des Betroffenen.Die Lebenszahl 1 wird stark durch das Gefühl der Unabhängigkeit geprägt, denn die persönliche Freiheit soll möglichst durch keine anderen Faktoren eingeschränkt werden. Leider wirkt sich das häufig negativ auf Beziehungen aus, denn es vermittelt den Menschen in der Umgebung leicht das Gefühl, nicht als Freund gewollt zu werden. Nach außen wirkt es oft so, dass Menschen mit der Lebenszahl 1 soziale Beziehungen nicht wertschätzen und lieber die Zeit allein verbringen. Die enorme Willenskraft und die Charakterstärke dieser Menschen wirken nicht selten abschreckend und verunsichernd auf andere, doch öffnet sich ein solcher Mensch, so stellt sich heraus, dass er einen ausgeprägten Beschützerinstinkt gegenüber geliebten Menschen besitzt. Innerhalb einer Liebesbeziehung kann die Lebenszahl 1 also durchaus einen wunderbaren und unterstützenden Begleiter hervorbringen. Wichtig ist es dabei, dass dieser Mensch sich seinem Partner unbedingt öffnet, ihm Respekt entgegenbringt und Rücksicht auf ihn nimmt. Auch wenn er nur schwer seine eigenen Fehler zugeben kann und sich aus Angst vor Zurückweisung nur selten auf eine Liebesbeziehung einlassen kann, so sollte er dennoch daran arbeiten, seine Gefühle zum Ausdruck zu bringen und sich für die Ansichten des Partners zu öffnen.

Dogmen und deren Heilung

Menschen dieser Gruppe nehmen an, dass sie alles allein schaffen müssten und für alles verantwortlich sind. Aus diesem Glaubenssatz entwickelt sich die tendenziell eher introvertierte, dabei sehr ehrgeizige und fast schon starrsinnige Persönlichkeit. Menschen mit der Lebenszahl 1 haben den Drang, unbedingt ihre Stärke und Unabhängigkeit zur Schau stellen zu müssen, denn sie tragen die schwere Last der Verantwortung. Schwäche und Unentschlossenheit stehen dem im Wege, denn diese für die Lebenszahl 1 unakzeptablen Gefühle untergraben ihre Wirkung nach außen, die sie als fähige und verantwortungsvolle Mitglieder der Gesellschaft dastehen lässt.

Diese Menschen sind keineswegs böswillig oder grenzen sich absichtlich durch ihr Verhalten von anderen ab. Das liegt einzig und allein an ihrer Sichtweise auf das Leben: Alles scheint ein Kampf zu sein und die Kontrolle muss gewahrt werden. Sie setzen sich selbst unter enormen Druck, damit sie besonders produktiv und erfolgreich ihre hochgesteckten Ziele erreichen können. Der Glaubenssatz dieser Menschen besagt, dass sie hart für alles arbeiten müssen, was sie erreichen wollen, auch wenn das zur Folge hat, dass sie ständig auf Hochtouren laufen und krampfhaft ehrgeizig sind. Sie befürchten, dass ein Nachlassen ihrer Leistungen bedeuten würde, dass sie schwach und unverantwortlich sind, doch dabei sehen sie nicht, dass der ständige Kampf ihrem Potenzial im Weg steht.

Der erste Schritt zur Annahme der eigenen Schwächen und Fehler ist das Verzeihen dieser. Menschen mit der Lebenszahl 1 sollten sich stets daran erinnern, auch einmal „Nein“ zu sagen und die Verantwortung für die Dinge abzugeben, die sie nicht betreffen. Es ist durchaus empfehlenswert, Hilfe von Mitmenschen anzunehmen und ihre Sichtweisen, Werte, Bedürfnisse und Ziele nicht nur zu respektieren, sondern auch nachzuvollziehen. Bevor sie sich wegen des ganzen Kämpfens noch in Motivationslosigkeit und Sinnlosigkeit verlieren, sollten sie aus dem Teufelskreis ausbrechen, indem sie sich regelmäßige Pausen zur Regeneration gönnen. Es ist in Ordnung, sich zurückzuziehen, um die Energien zu sammeln und Kraft zu tanken, um anschließend daraus gestärkt hervorzutreten. Es ist eine Illusion, zu glauben, dass die Wachstumskurve fortwährend ins Unendliche ansteigt. Die unanfechtbaren Naturgesetze besagen, dass es immer ein Hoch und ein Tief geben muss, und das ist auch gut so. Dies ist die einzige Möglichkeit des Überlebens – das gilt für die Erde, die Tiere und auch für die Menschen, unabhängig vom Bereich der Anwendung.

Berufungen

Menschen, die die Lebenszahl 1 besitzen, sollten lernen, auf sich selbst Rücksicht zu nehmen und die eigene innere Stimme nicht vor die Meinung anderer Menschen zu stellen. Sie sollten ihren Lebensweg so beschreiten, wie sie es selbst für richtig halten, und sich nicht von Vorbildern oder äußeren Einflüssen ablenken lassen. Diese Gruppe Mensch sollte auch bei auftretenden Hindernissen oder schwierigen Lebensumständen weiterhin an ihre eigene Stärke glauben und das Selbstwertgefühl sowie Selbstvertrauen aufrechterhalten. Persönlichkeiten mit der Lebenszahl 1 haben es sich zur Aufgabe gemacht, den sich selbst auferlegten Druck herauszulassen und den Kampf des Lebens zumindest zu reduzieren, wenn nicht sogar, ihn zu beenden. Sie müssen das Gleichgewicht zwischen Anspannung und Entspannung, zwischen Arbeit und Ruhe finden. Bezüglich der Beziehungen zu anderen Menschen ist es wichtig, zu lernen, in einen Dialog zu treten und sich auszudrücken. Es gilt, nicht nur dem Umfeld gegenüber gelassen, mitfühlend und empathisch zu sein, sondern auch sich selbst gegenüber. Selbstreflexion ist ein wichtiges Hilfsmittel, dennoch sollte ein Mensch dieser Art sich daran üben, destruktive Selbstkritik zu erkennen und zu vermeiden. Um seine zwischenmenschlichen Beziehungen zu stärken, sollte er an der Herausarbeitung der Fähigkeit zur Empathie arbeiten. Andere Sichtweisen können bereichernd sein, doch dies ist nur der Fall, wenn der Mensch mit der Lebenszahl 1 lernt, seinem Gegenüber ungeteilte Aufmerksamkeit zu schenken und in einem Gespräch bewusst zuzuhören. Ihre Stärke liegt eindeutig im Pioniergeist und der unbändigen Kraft, vor der sie nur so strotzen, weshalb sie sich diese zu Nutze machen sollten. Wenn sie ihr volles Potenzial mit diesen Charakterzügen entfalten können, werden sie für sich selbst, aber auch für ihr gesamtes Umfeld von unschätzbarem Wert sein.

Die Bedeutungen der einzelnen Lebenszahlen – konkrete Interpretationen des Lebensweges in den Lebensbereichen

Lebensbereich	10 / 1	19 / 10 / 1	28 / 10 / 1	37 / 10 / 1	46 / 10 / 1
Gesundheit	• Nahrhafte, eiweißhaltige Ernährung • Regelmäßige, abwechslungsreiche Bewegung • Ausdauersportarten wie Joggen, Schwimmen oder Radfahren, um die vorhandene Energie in die richtigen Bahnen zu lenken • Vermeidung von Süchten, wie Alkohol oder Drogen, die das empfindliche Energiefeld stören	• Erdende, gesunde Ernährung • Ausgewogene, maßvolle Bewegung zur Auflösung von Blockaden und angestauten negativen Emotionen • Viel spazieren gehen, leichte Gymnastik und Dehnübungen • Benötigen meist weniger Schlaf • Empfindliche Gesundheit, die gepflegt werden will • Vermeidung von Süchten, wie Alkohol oder Drogen,	• Unterdrückte Wut sorgt für körperliche Beschwerden • Energien im Körper wieder zum Fließen bringen • Mithilfe von Spiritualität Gefühle herauslassen • Neigung zu zwanghaften Essstörungen aufgrund von Kontrollausübung • Ausgewogene, gesunde Ernährung • Regelmäßige Bewegung, wie Tanzen oder Kampfkünste als Ventil für	• Sensibles Kraftfeld • Leichte, gesunde, vegetarische Ernährung • Neigen zu Suchtverhalten • Regelmäßige Bewegung, wie Tanzen, Yoga oder Tai-Chi	• Kräftiger, gepflegter Körper mit guter Gesundheit • Großes Interesse für Ernährung • Vermeidung von Diäten, stattdessen nachhaltige Ernährungsumstellung

		die das empfindliche Energiefeld stören • Bei Beschwerden auf energetische Heilmethoden zurückgreifen, wie Massagen, Akupunktur oder Hypnose	angestaute Empfindungen		
Zwischenmenschliche Beziehungen	• Beziehung zu sich selbst aufbauen, um auch eine authentische, starke und tragfähige Verbindung mit anderen eingehen zu können • Angeborene Unsicherheit verstehen und annehmen lernen • Vertrauen zu den eigenen Fähigkeiten und anderen aufbauen	• Kopf und Herz in Einklang bringen, nicht nur mit dem Verstand denken • Umgang mit Ärger und Wut verbessern • Nähe und Intimität zulassen • Mit Wut, Schamgefühlen und Schüchternheit auseinandersetzen	• Emotionen nicht einschließen, unterdrücken und rationalisieren, sondern mit Leidenschaft Gefühle ausleben • Ehrliche Kommunikation • Gesunder Umgang mit Sexualität	• Neigen dazu, mehr auf den Kopf zu hören, statt auf das Herz • Abwehrmechanismen auflösen • Angst vor Zurückweisungen und Schmerz loslassen • An Offenheit und Vertrauen arbeiten	• Tiefe Gefühle annehmen • Sich selbst als den erkennen, der man ist, statt sich in Idealvorstellungen zu verlieren

Begabungen, Beruf und Finanzen	• Kreative Künste, wie Malen, Schreiben, Schauspielen oder Musik • Problemlösungen finden, ob in Firmen, Politik, Architektur oder anderen Bereichen • Innovative und originelle Ideen zur Verbesserung der Welt	• Ausgeprägtes praktisches Denken • Feinfühligkeit und Urteilsvermögen • Anziehungskraft auf andere Menschen durch Charme und Charisma • Große schöpferische Begabung • Intuitive Arbeiten, Heilung, Führung, Beratung, Dienen • Finanzielle Lage spiegelt Selbstbewusstsein und Vertrauen wider	• Heiler, Berater, Führung • Stehen gern im Dienst der Menschen • Wirken inspirierend und motivierend auf andere • Ehrlichkeit bezüglich der Finanzen: Geld versus Integrität • Lösung von finanziellen Problemen durch das Freilassen der schöpferischen Fähigkeiten	• Kreative Künste • Sinn für Natürlichkeit und Schönheit • Finanzen sind kein zentrales Thema	• Hohe Ansprüche, Stärke, analytische Fähigkeiten und Feingefühl • Besonders geeignet für Körpertherapien und Beratungen • Architektur, Design • Der Intuition folgen und Geduld zeigen, um den richtigen Beruf zu finden • Finanzielle Lage spiegelt Selbstbewusstsein wider

NUMEROLOGIE DER LEBENSZAHL 2 – EINFÜHLSAMER HARMONIETRÄGER

Bezeichnung	Merkmale
Archetypus	Diplomat
Kennzeichnende Tugend	Sensibilität
Auftrag der Seele	Sich unabhängig machen und auf emotionaler Ebene reif werden

Der Diplomat

Der Diplomat besitzt eine großartige Feinfühligkeit für andere Menschen und deren Beweggründe. Seine ausgeprägte Sensibilität ermöglicht es ihm nicht nur, sich in sein Gegenüber einzufühlen, sondern ihn auch zu verstehen. Seine Beobachtungsgabe lässt ihn schnell zwischenmenschliche Spannungen sowie potenzielle Störfaktoren erkennen, sodass er, stets auf Harmonie und Ausgleich ausgerichtet, in einer herausfordernden Situation angemessen reagiert. Da er die Gabe hat, alle Blickwinkel betrachten zu können, gelingt es ihm häufig, erfolgreich zwischen mehreren Parteien innerhalb eines Gespräches zu vermitteln.

Charakter – Eigenschaften und Schwächen

Menschen mit der Lebenszahl 2 sind grundsätzlich sanft, einfühlsam, nachgiebig und harmoniebedürftig. Das soziale Umfeld spielt eine ganz besondere Rolle im Leben dieser Menschen, sodass sie viel ihrer Zeit und Energie in die Pflege der Beziehungen einfließen lassen. Aus diesem Grund sind sie besonders rücksichtsvoll, sensibel und empathisch.

Selten wagen sie es, ein Risiko einzugehen, denn Sicherheit ist ihnen wichtiger als das Wagnis. Sie sind gewissenhafte Arbeiter mit einem guten Urteilsvermögen, einer ausgeprägten analytischen Auffassungsfähigkeit sowie großem Verständnis für andere Sichtweisen. Auch wenn der Mut und die Innovation nicht zu den Stärken der Lebenszahl 2 gehören, so machen sie dies durch die Gabe wett, eine Situation von allen Standpunkten aus betrachten zu können und somit taktisch kluge Entscheidungen zu treffen.

Zudem neigen Menschen dieser Gruppe dazu, sich aufzuopfern und Konflikten aus dem Weg zu gehen. Sie können ebenso gut zynisch und launisch sein. Da ihnen die Verbindung zu anderen Menschen sehr wichtig ist, übertreiben sie es gerne einmal mit ihrer Anpassung: Damit sie andere noch intensiver begleiten und ihnen dienen können, würden sie sich bis zur Aufopferung hingeben. Die eigenen Bedürfnisse stellen sie meist zurück, wichtig scheint ihnen nur, dass die geliebten Mitmenschen sich geborgen fühlen. Im Extremfall führt dieses Verhalten zur Unterwürfigkeit und Ausnutzung, was für eine Zurückhaltung und Isolation sorgen kann.

Soziales Verhalten, menschliche Beziehungen, Familie und Partnerschaften

Das soziale Umfeld der Lebenszahl 2 ist lebendig und umfangreich. Zwischenmenschliche Beziehungen sind von größter Wichtigkeit für sie. Sie gehen gerne Bindungen mit anderen ein und hegen häufig enge Freundschaften. Innerhalb der Gemeinschaft sind es oftmals ebendiese Menschen, die für Frieden sorgen und die Harmonie wiederherstellen. Sie brauchen ganz besonders einen stabilen Faktor in ihrem Leben, oft in Form einer Liebesbeziehung. Innerhalb dieser Beziehungen sind grundsätzlich sie es, die geben und die Bedürfnisse des Partners befriedigen.

Persönlichkeiten, die die Lebenszahl 2 besitzen, können sehr gut auf ihre Mitmenschen eingehen und stellen einen guten Freund dar, der mit Rat und Tat zur Seite steht und ein herzensguter Begleiter ist. Sie nehmen andere so an, wie sie sind, und versuchen nicht, sie verändern zu wollen.

Bereits als Kind hatten die meisten Menschen dieser Art eine besonders intensive Verbindung zur eigenen Mutter. Auch in jungen Jahren wollten sie ihrer Familie helfen und übernehmen bereits große Verantwortungen, wodurch sie selbst die Rolle des Kindes abgaben. Das große Harmoniebedürfnis brachte sie dazu, schnell erwachsen zu werden.

Dogmen und deren Heilung

Menschen mit der Lebenszahl 2 glauben, keine Pause zu benötigen, denn ihre eigenen Bedürfnisse stellen sie zurück. Dennoch sind ihre Kraftreserven nicht unerschöpflich, weshalb sie sich darüber klar werden sollten, dass sie auch auf sich selbst achten müssen, um anderen helfen zu können. Aus diesem Grund ist es völlig in Ordnung, auch einmal „Nein" zu sagen und zu nehmen, statt nur zu geben.

Ein weiterer, weit verbreiteter Glaubenssatz ist der, welcher besagt, dass es mir erst gut gehen kann, wenn es den Menschen um mich herum gut geht. Sich selbst als zweitrangig zu sehen und nur für andere zu leben, ist kein gesundes Verhalten und sollte deshalb durch Zeit für sich selbst ausgeglichen werden. Sich für alles und jeden verantwortlich zu fühlen, baut großen Druck auf, obwohl es in vielen Fällen nicht einmal nötig wäre. Menschen mit der Lebenszahl 2 sollten sich von dem Bedürfnis befreien, dem Helfersyndrom nachzugehen. Jeder ist für sein eigenes Leben verantwortlich und diese Verantwortung kann weder abgenommen noch übertragen werden.

Oft ist es ein tiefer Wunsch der Menschen, die der Lebenszahl 2 zugewiesen werden, ebenso liebevoll umsorgt zu werden, wie sie es selbst tun. Sie fühlen sich nicht gesehen und geliebt, sie erhoffen sich durch ihr Verhalten, endlich wahrgenommen zu werden. Statt die Bestätigung im Umfeld zu suchen, ist es ratsam, dass sich diese Menschen endlich sich selbst zuwenden und die Selbstliebe entgegenbringen, die sie verdienen.

Berufungen

Die zentrale Lebensaufgabe der Nummer 2 ist es, auf sich selbst zu achten. Das beinhaltet, den eigenen Raum zum Leben abzugrenzen, ein starkes Selbstwertgefühl aufzubauen, selbstständig zu werden und sich selbst achten zu lernen. Es ist wichtig, dass sie sich von dem Gefühl des Gebrauchtwerdens und der Bestätigung von außen loslösen. Diese Aufgabe erfordert von Menschen mit der Lebenszahl 2 Mut, die eigenen Gefühle ehrlich zu kommunizieren.

Die Bedeutungen der einzelnen Lebenszahlen – konkrete Interpretationen des Lebensweges in den Lebensbereichen

Lebensbereich	11 / 2	20 / 2
Gesundheit	• Gesundheitsprobleme durch ein überempfindliches Energiezentrum • Neigen zu übermäßigem Stress bei auftretenden Problemen durch starkes Verantwortungsbewusstsein • Stressreduzierende Bewegung wie Yoga, Tai-Chi oder Schwimmen • Meditation zur Beruhigung des Geistes	• Robuster, kräftiger Körper • Neigen zu Verspannungen und Allergien durch übermäßige Sorgen und Stress • Entspannung durch Meditation • Häufig gut ausgeprägte Kraft, dafür wenig Flexibilität • Ausgleichende Sportarten wie Yoga, Kampfkünste oder Tai-Chi zur Entspannung und Dehnung
Zwischenmenschliche Beziehungen	• Nicht ständig den Wettbewerb mit anderen Menschen sehen • Loyalität, gegenseitige Unterstützung von großer Wichtigkeit • Balance zwischen Geben und Nehmen finden	• Neigen dazu, erst übermäßig kooperativ in einer Beziehung zu sein und dann gegenteilig zu handeln • Keine Selbstaufgabe durch übermäßiges Anpassen an den Partner, was zu Frust und Ablehnung führt • Gefühle nicht zurückhalten, sondern Wut und Groll herauslassen
Begabungen, Beruf und Finanzen	• Verbesserung der eigenen Fähigkeiten durch stetiges Üben • Durch Fehler wachsen • Kreatives Denken • Finanzen spielen nur als eine Art der Sicherheit eine Rolle	• Häufig gehen sie unbeirrbar und aufrecht ihren Weg, wenn sie einmal ihre Bestimmung gefunden haben • Potente Mischung aus Feingefühl und Stärke zeigt sich in inneren Gaben • Diplomaten und Vermittler • Organisation und Koordination • Berater • Finanzielle Sicherheit spielt eine große Rolle

NUMEROLOGIE DER LEBENSZAHL 3 – FANTASTISCHER EINFALLSREICHTUM

Bezeichnung	**Merkmale**
Archetypus	Schöpfer
Kennzeichnende Tugend	Kreativität
Auftrag der Seele	Das eigene Sein mit all seinen Facetten erleben

Der Schöpfer

Ein Schöpfer zeichnet sich durch seine enorme Kreativität sowie die Fähigkeit aus, Ideen in die Praxis umzusetzen. Diesem Archetypus gelingt es, durch seine innovative und unkonventionelle Ader, Dinge scheinbar aus dem Nichts zu erschaffen. Er weiß andere mit seinen Visionen zu begeistern und seine neuen Ideen sind darauf ausgerichtet, einen Mehrwert für sich selbst und seine Mitmenschen zu erzeugen.

Charakter – Eigenschaften und Schwächen

Menschen, die mit der Lebenszahl 3 geboren wurden, zeichnen sich durch einen erfinderischen, einfallsreichen und schöpferischen Geist aus. Sie sind allgemein sehr kreativ und tatkräftig, dabei erlebt man sie als frohe, gelassene und bunte Persönlichkeiten. Ihre intelligente und lebendige Art macht sie zu aktiven Schöpfern auf der Bühne des Lebens. Sie nehmen sich häufig viel vor, denn ihr Interessengebiet ist von unterschiedlichen Dingen geprägt. Menschen dieser Art neigen deshalb eher dazu, zu viele Projekte anzunehmen, wobei einige nicht beendet werden. Das aufregende Leben der Lebenszahl 3 ist geprägt von eher sprunghaften Entwicklungen, wobei sie mit Leichtigkeit und Gelassenheit den Hindernissen des Schicksals entgegenblicken. Ihr aufgeweckter Charakter besitzt allerdings auch Schwächen, die sich in Inkonsequenz, Ungeduld, Eitelkeit und einer realitätsfremden Sicht äußern. Meist wirken sie in ihren Meinungen starr und rechthaberisch. Viele sind der Meinung, dass diese Menschen tendenziell unachtsamer sind und nicht immer in der Lage sind, verantwortungsvoll zu handeln. Da sie die Bestätigung von außen brauchen, bevorzugt in Form von Aufmerksamkeit, fühlen sie sich bei einem Mangel schnell ausgeschlossen und können sich bis zum kompletten Einsiedlerleben zurückziehen. Um dem entgegenzuwirken, verstellen sich Menschen mit der Lebenszahl 3, um den Erwartungen anderer zu entsprechen, und sind so nicht länger authentisch – ein Ausdruck der inneren Unsicherheit.

Soziales Verhalten, menschliche Beziehungen, Familie und Partnerschaften

Diese Menschen sind kontaktfreudig und generell sehr sozial. Die Kommunikation ist eine ihrer Stärken, denn sie stehen gern im Mittelpunkt und als Extrovertierte teilen sie sich anderen mit. In Mimik und Gestik sind sie sehr bewandert und können deshalb häufig die Aufmerksamkeit auf sich ziehen, nach der sie sich so sehr sehnen. Menschen mit der Lebenszahl 3 strahlen oft die pure Lebensfreude aus, wobei sie mit einer humorvollen Art ihr Publikum zu begeistern wissen. Häufig besitzen sie eine ganz besondere Ausstrahlung und Charisma, die auf andere faszinierend und bewundernswert wirken.

Dank der angeborenen Fähigkeit zum Einfühlen können diese Persönlichkeiten meist schon im Voraus erahnen, welche Bedürfnisse der Gegenüber hat. Eine weitere Qualität von ihnen ist es, dass sie tiefe Zuneigung geben wie auch nehmen können. Sie sind sehr abhängig von der Bestätigung der Menschen in ihrer Umgebung, sodass sie sich immer geliebt und gut genug fühlen wollen.

Menschen dieser Art besitzen einen starken Sinn für Freiheit und Selbstständigkeit. Trotz der Herausforderungen fühlen sie sich dennoch auch zur Zweisamkeit hingezogen und schätzen den Halt, den ein Partner ihnen geben kann.

Dogmen und deren Heilung

Sich für etwas Konkretes zu entscheiden, bringt tatsächlich gewisse Schwierigkeiten für diese Persönlichkeiten mit sich. Es ist leichter für sie, sich in vielen verschiedenen Dingen zu verzetteln, denn sie befürchten, etwas versäumen zu können. Doch manchmal ist es von Vorteil, eine Bindung einzugehen und alles auf eine Karte zu setzen. Das muss auch für die Lebenszahl 3 nicht immer bedeuten, dass sie sich einschränken muss oder etwas verpasst. Der Glaubenssatz, dass sie sich immer eine Hintertür offenlassen sollten, damit sie nichts verpassen, sollte sich etwas Besseres für sie ergeben, führt dazu, dass sie auf zu vielen Hochzeiten tanzen. Anzunehmen, immer neue Veränderungen im Leben zu brauchen und nur nach Perfektion zu streben, kann dazu führen, dass Menschen mit der Lebenszahl 3 nach der Utopie streben und dabei das Glück, was bereits greifbar vor ihnen liegt, nicht erkennen.

Zudem ist der Glaubenssatz, niemandem vertrauen zu können und nicht wertvoll zu sein, ein ständiger Begleiter vieler dieser Menschen. Die tiefe Unsicherheit, die ihnen innewohnt und für die Suche nach Bestätigung im Außen verantwortlich ist, lässt sie oft fernab von der Realität gleiten. Diese Persönlichkeiten sollten sich darin üben, das eigene Selbstbild so anzunehmen, wie es ist, damit sie endlich frei und ausgeglichen leben können. Die Angst vor emotionalem Schmerz oder Zurückweisung hemmt nur die Entfaltung ihres enormen Potenzials.

Berufungen

Für Menschen mit der Lebenszahl 3 gilt es vor allem, alle Aspekte ihres Selbst anzunehmen und auszuleben. Sie sollten ein Gleichgewicht zwischen dem aktiven Schöpfen und der Entspannung finden. Eine weitere Lebensaufgabe besteht darin, dass sich diese Persönlichkeiten ein Ziel vornehmen, dessen Realisierung eine Priorität in ihrem Leben wird.

Die Bedeutungen der einzelnen Lebenszahlen – konkrete Interpretationen des Lebensweges in den Lebensbereichen

Lebensbereich	12 / 3 und 21 / 3	30 / 3
Gesundheit	• Verfügen über eine gute körperliche Kraft • Meist robuste Gesundheit • Verdrängte Gefühle bauen starken Druck auf – Emotionen verarbeiten, statt sie zu ignorieren • Übergewicht als Zeichen für blockierte Kreativität • Regelmäßige Bewegung als Ventil für unterdrückte Emotionen • Spaziergänge in der Natur zur Regeneration	• Häufig Halsbeschwerden durch mangelnden Ausdruck der Gefühle • Ernährung und Bewegung sollten intuitiv nach persönlichem Empfinden gewählt werden
Zwischenmenschliche Beziehungen	• Ausdruck der eigenen Gefühlswelt als wichtiger Bestandteil für eine erfolgreiche Beziehung • Eigene Unsicherheit annehmen und kommunizieren • Auch bei starken Empfindungen, wie Trauer oder Wut, nicht zurückziehen • Balance zwischen Geben und Nehmen finden	• Suchen nach Liebe, Anerkennung und Bestätigung • Durch Feinfühligkeit können sie sich gut auf andere einstimmen • Können emotional und leidenschaftlich sein • Liebesbeziehungen als Prüfstein authentischer Kommunikation
Begabungen, Beruf und Finanzen	• Schreiber, Redner, Berater, Debattierer • Vielseitig veranlagt, mit innovativen und nützlichen Ideen • Beruf wählen, der kreativen Selbstausdruck erlaubt, damit Unsicherheit und Selbstzweifel nachlassen	• Helfen gern und erfolgreich anderen • Berater, Schriftsteller, Vertreter, Lehrer • Ausgeprägte intuitive Intelligenz • Finanzielle Sorgen als Anzeichen für Selbstzweifel

NUMEROLOGIE DER LEBENSZAHL 4 – BESTÄNDIGER VERTRAUTER

Bezeichnung	**Merkmale**
Archetypus	Organisator
Kennzeichnende Tugend	Umsetzungsfähigkeit
Auftrag der Seele	Veränderungen als einen Teil des Lebens ansehen und die Vergänglichkeit annehmen

Der Organisator

Dieser Archetypus ist ein wahres Organisationstalent. Seine Gabe ist es, den Überblick zu behalten, wenn all die Puzzleteile, die später ein Gesamtbild ergeben sollen, noch ungeordnet sind. Der Organisator erkennt stets, welche Tätigkeiten relevant sind und welche Aufgaben noch ausgeführt werden müssen, damit das Projekt erfolgreich beendet werden kann. Wenn Chaos herrscht und niemand mehr einen Durchblick hat, ist es der Organisator, der die Dinge in die Hand nimmt, alles koordiniert und die Einzelteile strategisch zu einem Bild zusammenfügt.

Charakter – Eigenschaften und Schwächen

Der Charakter der Lebenszahl 4 kann mit organisiert und ordnungsliebend, vernünftig, strebsam und dabei gerecht, verlässlich und unabhängig beschrieben werden. Integrität wird bei dieser Gruppe ganz groß geschrieben, ebenso wie Solidarität. Diese Menschen erledigen ihre Aufgaben stets gewissenhaft, wobei sie systematisch, produktiv und gründlich vorgehen. Mit einer guten Beobachtungsfähigkeit analysieren sie ihr Umfeld genau, um mögliche Optimierungen vornehmen zu können. Hartnäckig erarbeiten sie sich ihre Ziele und das einen Schritt nach dem anderen. Sie lieben es, in festen, pragmatischen Mustern zu denken und zu agieren, doch sollten diese Schemen in Frage gestellt werden, können die Menschen mit der Lebenszahl 4 durchaus rebellisch, stur und starr werden. Einmal etablierte Gewohnheiten lassen sie nur schwer wieder los.

Persönlichkeiten, die dieser Ziffer zugeordnet werden können, orientieren sich an Ethik, Gerechtigkeit und Aufrichtigkeit. Dennoch werden sie oft von Unentschlossenheit, Zweifeln und Existenzangst geplagt. Wenn es mal nicht so läuft, wie sie es geplant haben, ist es nur schwer für Menschen dieser Art, die Veränderungen anzunehmen und sich neu auszurichten.

Diejenigen, die mit der Lebenszahl 4 geboren wurden, handeln nach einem klaren Ehrenkodex, der Pünktlichkeit, Korrektheit und Hilfsbereitschaft beinhaltet. Diese Eigenschaften erwarten diese Menschen allerdings auch von ihrem Umfeld, wodurch es nicht leicht für sie ist, unvoreingenommen zu sein. Immer wieder werden sie damit konfrontiert, alles penibel genau und mit größtem Perfektionismus erledigen zu wollen.

Soziales Verhalten, menschliche Beziehungen, Familie und Partnerschaften

Menschen mit der Lebenszahl 4 sind treue und loyale Seelen. Sie bevorzugen eine klare und stabile Basis in jeder ihrer Beziehungen, so stellt für sie meist die Liebesbeziehung der zentrale Punkt ihres Lebens dar. Man kennt diese Gruppe als verlässliche und verantwortungsbewusste Menschen, die jedoch erst mit ihrem analytischen Verstand prüfen müssen, ob sie sich auf eine Bindung einlassen können. Innerhalb der Familie sind sie der Faktor, der alles zusammenhält. Sie gehen Traditionen nach und kümmern sich sorgfältig um die anstehenden Aufgaben, wobei sie der Meinung sind, alles allein schaffen zu müssen. Das kann dazu führen, dass sie sich bereits in der Kindheit zu viel Verantwortung aufluden.

Auf ihr Umfeld wirken Menschen mit der Lebenszahl 4 häufig selbstbewusst und fachkundig, wobei sie keine Ängste oder Schwächen zu haben scheinen. Doch das ist nur die Fassade, die diese Persönlichkeiten aufgrund von Unsicherheiten aufgebaut haben. Sie neigen dazu, anderen Menschen ihre Fehler mit kritischen und entmutigenden Worten vorzuhalten, während ihre eigenen Gefühle und Bedürfnisse eher im Verborgenen bleiben.

Dogmen und deren Heilung

Persönlichkeiten dieser Art sehen das Leben als einen Kampf an, den man aushalten müsse, um zu überleben. Nur unter großem Leistungsdruck können die Ziele erreicht werden, doch sie sollten lernen, dass Geduld manchmal die bessere Wahl ist.

Zudem fördert der Glaube, nicht gehört, nicht gesehen und nicht verstanden zu werden, dass Menschen mit der Lebenszahl 4 dem Leben pessimistisch gegenüberstehen. Sie hegen unrealistische Vorstellungen sich selbst und anderen gegenüber, sodass ihre Erwartungen unweigerlich enttäuscht werden. Sie sollten sich darin üben, zu überprüfen, inwiefern dieser Glaubenssatz ihnen dienlich ist. Außerdem tut ihnen die Akzeptanz vom Leben und anderen Meinungen gut, sodass sie ihre ausgeprägte Starrheit loslassen können.

Die Lebenszahl 4 zeigt immer wieder Dogmen auf, die mit Existenzängsten, übermäßigem Verantwortungsgefühl und Schuld im Zusammenhang stehen. Sie sind der Meinung, nicht genügend tun zu können und dass sie selbst nicht ausreichend sind. Mit mehr Gelassenheit, Spaß und Entspannung sollten diese Menschen in der Lage sein, Muster wie diese aufzubrechen und wieder Lebensfreude empfinden zu können.

Berufungen

Eine wichtige Lebensaufgabe der Menschen mit der Lebenszahl 4 ist es, Veränderungen als einen Teil des Lebens zu akzeptieren. Sie dürfen Ängste und veraltete Vorstellungen endlich loslassen, um ihrer persönlichen Entwicklung nicht länger im Weg zu stehen. Den Mitmenschen tolerant, wertschätzend und annehmend entgegenzutreten, hilft dabei, dass sie nachhaltige und stabile Partnerschaften aufbauen können, die ihr Bedürfnis nach Liebe, Zuneigung, Wertschätzung und Sicherheit befriedigen können.

Die Bedeutungen der einzelnen Lebenszahlen – konkrete Interpretationen des Lebensweges in den Lebensbereichen

Lebensbereich	4	13 / 4 und 31 / 4	22 / 4	40 / 4
Gesundheit	• Drahtiger, robuster Körperbau als Spiegel der großen Willenskraft und Resilienz • Neben kräftigenden Übungen auch Beweglichkeit trainieren, um der inneren Starrheit entgegenzuwirken • Anspannungen und Allergien entstehen durch Stress, übermäßiges Verantwortungsbewusstsein und Schuld • Meditation zur Entspannung	• Robuste und widerstandsfähige Gesundheit • Stress und Widerwille können Verdauungsprobleme und Immunschwäche verursachen • Meditation und entspannende Bewegung zum Ausgleich • Ausgewogene, fettarme Ernährung	• Meist schlanker und starker Körper • Neigen zu Unfällen durch die impulsive und zerstreute Art • Neigen zum Überessen • Dehnungsübungen zum Ausgleich von Kraftsport	• Meist wenig anfällig für Krankheiten • Neigen zu Übergewicht • Fettarme, vegetarische und gesunde Ernährung • Sportarten wie Yoga, Tanzen oder Kampfkünste zum Ausgleich der Kraft
Zwischenmenschliche Beziehungen	• Treu der Familie gegenüber • Entwickeln meist Freundschaften mit familiärem Charakter	• Allgemein umgänglich • Gesellig und sozial mit großem Familiensinn • Versteckte Unsicherheit eingestehen • Neigen zur Selbsttäuschung	• Soziale Schwierigkeiten basieren meist auf ungelösten Problemen mit den eigenen Eltern • Feingefühl, Empathie und Einfühlungsvermögen in die Beziehung einbringen • Treu und loyal dem Partner gegenüber	• Neigen dazu, rechthaberisch, herrschsüchtig und aufdringlich zu sein • stellen meist den Felsen in der Brandung innerhalb der Beziehung dar

Begabungen, Beruf und Finanzen	• Können gut mit Menschen umgehen • Manager, Analysten, Planer • Finanzen hängen von der eigenen Entwicklung ab	• Unternehmer, Berater, Lehrer, Architekt, Ingenieur, Kommunikator • In Geduld üben, dann wird auch der Erfolg eintreten	• Berater, Unternehmer • Organisatorische und analytische Begabungen • Berufe mit klaren Grenzen und Chancen • Tendieren dazu, allein zu arbeiten • Finanzielle Sicherheit spielt eine sehr große Rolle	• Analysen, Berater, Organisator, soziale Berufe, Sportler

NUMEROLOGIE DER LEBENSZAHL 5 – DER WAGEMUTIGE UNABHÄNGIGE

Bezeichnung	**Merkmale**
Archetypus	Abenteurer
Kennzeichnende Tugend	Freiheit
Auftrag der Seele	Den Sinn für die Realität entfalten und als Stärke erkennen

Der Abenteurer

Der Abenteurer ist ständig auf der Suche nach Veränderungen, Herausforderungen und neuen Möglichkeiten. Das Wichtigste für ihn ist es, seine eigene Freiheit zu bewahren und zu leben, wobei ein spannendes Abenteuer genau nach seinem Geschmack ist. Diese Wagnisse sind für ihn der perfekte Ausdruck seiner Unabhängigkeit bezüglich Zeit und Ort – der Abenteurer muss seine Selbstständigkeit und Unternehmungslust ständig ausleben können.

Charakter – Eigenschaften und Schwächen

Die Lebenszahl 5 beschreibt im Allgemeinen jene Menschen, die besonders neugierig, abenteuerlustig und temperamentvoll sind. Ihr Charakter ist meist impulsiv, veränderungsfreudig und leidenschaftlich, wobei diese Menschen darauf bedacht sind, ihre Unabhängigkeit und Flexibilität zu bewahren. Fast schon auffällig und provokant begegnen sie anderen und mit ausdrucksvollen Worten sowie einer charmanten und optimistischen Art faszinieren sie ihr Umfeld.Im Gegensatz zu anderen Lebenszahlen sind die Menschen dieser Gruppe Neuem gegenüber sehr aufgeschlossen. Man könnte fast sagen, dass sie von Veränderungen regelrecht begeistert sind, denn sie jagen Abenteuer und Abwechslungen hinterher. Diese Persönlichkeiten sind Meister im Spielen und Anpassen. Das Wichtigste jedoch ist für sie ihre persönliche Freiheit. Menschen mit der Lebenszahl 5 besitzen häufig viele verschiedene Fähigkeiten, dabei einen kühnen Geist, der viel Kreativität ausstrahlt. Im Vergleich mit den vorherigen Lebenszahlen liegen hier meist deutlich geringere Probleme mit Unsicherheiten, Stress und Selbstzweifeln vor.

Ihr Charakter wird durch Schwächen ergänzt, wie Hemmungslosigkeit, Eigensinnigkeit und Selbstgerechtigkeit. Sie können durchaus als unverbindlich und unverlässlich wahrgenommen werden, was aus ihrem dominanten, teils angespannten Verhalten resultiert.

Soziales Verhalten, menschliche Beziehungen, Familie und Partnerschaften

Allgemein betrachtet haben Menschen mit der Lebenszahl 5 eher ein schwieriges Verhältnis zu ihrem sozialen Umfeld. Ihre sprunghafte und unbeständige Art färbt sich auch auf ihre Beziehungen ab, die zwar meist in großer Leidenschaft und Liebe gegründet werden, später jedoch mangelt es ihnen an Aufmerksamkeit und Ausdauer. Langeweile ist die größte Herausforderung für Persönlichkeiten dieser Art. Innerhalb der Familie sind sie deshalb nicht selten Außenseiter, die nur wenig von den anderen verstanden werden. Aus Angst, die eigene Freiheit aufgeben zu müssen, scheuen sie sich nicht selten vor echten Bindungen zu anderen Menschen. Dennoch wohnt in ihnen eine Seite, die sich besonders eng mit einem Partner verbinden kann. Wird diese gefördert, zeigt die Lebenszahl 5 Eigenschaften wie Sinnlichkeit, Zugehörigkeit und Aufmerksamkeit.

Dogmen und deren Heilung

Menschen mit dieser Lebenszahl befürchten, dass eine Bindung mit anderen Menschen auch immer eine Einschränkung ihrer Freiheit und letztendlich Schmerz nach sich zieht. Dieser Glaube führt dazu, dass sie vor ihren Gefühlen flüchten wollen und ständig Gründe finden, die Liebesbeziehung oder Freundschaften zu beenden, sobald sich diese besonders innig und tief entwickelt haben. Es ist leicht, Menschen mit der Lebenszahl 5 für etwas zu begeistern, denn das Neue kündigt für sie ein Abenteuer an. Doch der Glaubenssatz, sofort von Anfang an mit Begeisterung dabei sein zu müssen, führt auch dazu, dass sie die Dinge nur oberflächlich betrachten und nach einer gewissen Zeit das Interesse daran verlieren. Diese Menschen sollten verinnerlichen, dass auch Ausdauer und Tiefgang sowie enge Vertrautheit einen Reiz haben können, der es wert ist, ausprobiert zu werden. Beständigkeit muss nicht immer ein Verlust der Freiheit bedeuten, genauso wenig wie langjährige Verbundenheit automatisch langweilig sein muss.

Berufungen

Eine zentrale Lebensaufgabe von Menschen mit der Lebenszahl 5 ist es, sich in Verbindlichkeit und Vertrauen zu üben. Es gilt, das eigene Bedürfnis nach Freiheit ganz bewusst zu erkennen und ins Leben zu integrieren, ohne dass dadurch die Verbindung zu anderen leiden muss. Sie sollten lernen, sich selbst treu zu bleiben, auch wenn sie bereits in der Kindheit das Gefühl hatten, nicht mit dem Charakter angenommen zu werden, mit dem sie geboren wurden. Außerdem ist es für diese Menschen wichtig, zu lernen, dass gewisse Ziele nur mit Beständigkeit, Gelassenheit und Ausdauer erreicht werden können. Das ist eine großartige Chance, um daran zu wachsen.

Die Bedeutungen der einzelnen Lebenszahlen – konkrete Interpretationen des Lebensweges in den Lebensbereichen

Lebensbereich	5	14 / 5 und 41 / 5	23 / 5 und 32 / 5
Gesundheit	• Gesundheit vor allem abhängig vom emotionalen Reifegrad • Sportarten wie Kampfsport, Klettern, Akrobatik oder andere Abenteuersportarten • Meditation als Konfrontation mit Langeweile	• Besitzen viel Vitalität und Energie, sind jedoch dadurch oft in Eile • Unfälle durch impulsives oder übereiltes Handeln • Meditation zur Entspannung • Feste Essgewohnheiten, um das Auslassen von Mahlzeiten zu verhindern • Abwechslungsreiche Speisen zubereiten • Sportarten, die Schnelligkeit und Kraft fördern, doch auch Kreativität zulassen	• Eher empfindlicher Körper • Schneller Stoffwechsel repräsentiert den schnellen Rhythmus des Lebens • Adrenalinspiegel senken und Nervensystem beruhigen • Entspannungsübungen zur Reduzierung von Erschöpfung und Stress • Vermeidung von Drogen (Abenteuerlust) • Ausgewogene und fettarme Ernährung • Regelmäßige Bewegung

Zwischenmenschliche Beziehungen	• Authentisches und ehrliches Handeln bestimmt den Erfolg innerhalb der Beziehungen	• Fühlen sich zu einem stabilen Familienumfeld hingezogen, haben dennoch meist Probleme, sesshaft zu werden • Vermeidung von Konkurrenzverhalten innerhalb der Beziehungen	• Vermeidung von Schuldzuweisungen gegenüber dem Partner und der Familie, weil diese angeblich die Freiheit einschränken • Gefühle zeigen und kommunizieren • Abenteuer und Abwechslung auch in festen Beziehungen finden
Begabungen, Beruf und Finanzen	• Handwerklich sehr geschickt • Jongleure, Musiker, Chirurgen • Sind richtige Macher, die mit Engagement und Disziplin arbeiten • Mit genügend Spielraum können sie sich besonders erfolgreich verwirklichen • Geld besitzt nur als Synonym für Unabhängigkeit eine Bedeutung, um Abenteuer zu finanzieren	• Aktiven statt vorwiegend sitzenden Beruf wählen • Kreative Begabungen • Vorausschauende Fähigkeiten lassen sie Trends und Entwicklungen, zum Beispiel in der Wirtschaft oder im Unternehmen, frühzeitig erkennen	• Tätigkeiten mit Abwechslung suchen • Schauspieler, Musiker, Politiker, Sportler, Journalisten • Berufe mit vielen Reisen und dem Kennenlernen neuer Menschen

NUMEROLOGIE DER LEBENSZAHL 6 – ALTRUISTISCHER BESCHÜTZER

Bezeichnung	**Merkmale**
Archetypus	Beschützer
Kennzeichnende Tugend	Fürsorglichkeit
Auftrag der Seele	Lernen, Hilfe und Liebe auch anzunehmen

Der Beschützer

Der Beschützer ist jemand, dem das Wohlergehen seiner Mitmenschen sehr am Herzen liegt. Selbstlos scheut er keine Mühen, um seinem Umfeld Sicherheit, Schutz und Unterstützung zuzusichern. Er ist einfühlsam und fürsorglich, während er sich den Problemen anderer annimmt und an deren Lösungen arbeitet, damit wieder Harmonie einkehren kann. Der Beschützer zeigt seinen Mitmenschen großzügig Wege auf, wie man ein gutes Leben führen kann und für sich selbst sorgt. Die Gesundheit und das Glück der Menschen sind seine oberste Priorität.

Charakter – Eigenschaften und Schwächen

Menschen, die mit der Lebenszahl 6 geboren wurden, zeigen sich häufig sicher, stabil und intuitiv. Man kennt sie als familiäre, anpassungsfähige und verantwortungsfreudige Persönlichkeiten, die dabei stets hilfsbereit, zuverlässig und treu bleiben. Diese Gruppe hebt sich besonders durch ihr Streben nach Sicherheit und Harmonie heraus. Starrheit im Geist und das Festhalten an Traditionen lässt Menschen dieser Art Angst vor Veränderung entwickeln. Mit höchsten Ansprüchen und ausgeprägtem Perfektionismus orientieren sie sich häufig an gewissen Idealen, die nur schwer zu erreichen sind. Utopische Vorstellungen von Beziehungen, Partnerschaften und darüber, wie das Leben auszusehen hat, stellen für Menschen mit der Lebenszahl 6 eine Herausforderung dar. Dies verursacht häufig, dass sie sich selbst in ihrer angeborenen Kreativität begrenzen, was für große Niedergeschlagenheit, tiefe Unzufriedenheit bis hin zu Ängstlichkeit sorgen kann.

Sie werden von einem Gefühl von Mangel verfolgt, als ob etwas in ihrem Leben fehlt, doch dabei umgibt sie reichlich Fülle, die sie nur nicht erkennen können. In der Hinsicht fehlt es diesen Persönlichkeiten meist an Geduld und Weitblick. Menschen, die der Lebenszahl 6 zugehörig sind, helfen sehr gern anderen Menschen und sind dabei sehr engagiert, doch diese Eigenschaft kann auch schnell zu einer Schattenseite werden. Wenn die Persönlichkeit es zu gut meint und zu stark an ihren Lösungsvorschlägen festhält, neigt sie dazu, ihre Ideen anderen aufzuzwingen. Genauso kritisch, wie dieser Mensch sein Umfeld betrachtet, betrachtet er auch sich selbst. Es ist für ihn eine Herausforderung, gelassen zu bleiben, nicht zu streng mit sich selbst zu sein und übermäßige Selbstkritik sein zu lassen.

Soziales Verhalten, menschliche Beziehungen, Familie und Partnerschaften

Innerhalb der Familie stellt die Lebenszahl 6 die zentrale Basis dar, den Fels in der Brandung, der für Harmonie und Ordnung sorgt. Auch in einer Gemeinschaft übernimmt sie diese Rolle und agiert vermehrt als Berater für alle möglichen Probleme. Das Bedürfnis, Freundschaften und Beziehungen aufzubauen und zu pflegen, ist besonders ausgeprägt, was durch Eigenschaften wie Toleranz, Sensibilität, Zugänglichkeit sowie Offenheit verstärkt wird. Gegenüber anderen werden Menschen mit der Lebenszahl 6 oft als charismatisch wahrgenommen, weshalb man ihre Gesellschaft genießt. Diese Persönlichkeit ist eher extrovertiert und tritt als soziales, solidarisches Wesen auf, mit einem bevorzugt bewegten Leben und innigen zwischenmenschlichen Verbindungen. Dabei fühlt sie sich besonders unter Gleichgesinnten wohl, die ähnlich wie diese Persönlichkeit die Beziehungen mit Zuwendung und Hingabe nähren. Doch diese hohen Ansprüche an das Umfeld sorgen auch für Herausforderungen, denn es setzt andere unter Druck. Menschen mit der Lebenszahl 6 verlangen nach bedingungsloser Zuneigung, sollten sie diese aber nicht erfahren, reagieren sie auf andere häufig mit Misstrauen und Anspannung. Diese Persönlichkeiten wählen ihre Liebesbeziehungen mit Bedacht, denn sie suchen darin einen sicheren Hafen – eine Heimat. Bei all ihrem Perfektionismus liegt ihr Fokus ständig darauf, Probleme und Schwierigkeiten aufzudecken, statt die Freuden und das Potenzial in der zwischenmenschlichen Verbindung zu entdecken.

Dogmen und deren Heilung

Menschen dieser Gruppe fühlen sich für alles verantwortlich. Dabei sollten sie lernen, ähnlich wie bei den Lebenszahlen 1 und 2, auch einmal „Nein" zu sagen und sich auf die eigenen Bedürfnisse zu konzentrieren. Es ist in Ordnung, höflich die Bitte von einem Gegenüber abzulehnen, auch wenn es Menschen mit der Lebenszahl 6 oft sehr schwerfällt, anderen die Unterstützung zu verweigern. Wenn es sie auslaugt und sie sich nicht in der Lage befinden, Hilfestellungen zu leisten, sollten diese Persönlichkeiten sich trauen, eben „Nein" zu sagen. Ihre Unterstützung wird geschätzt, doch manchmal neigen Menschen, die dieser Gruppe angehören, dazu, ungefragt Verantwortungen zu übernehmen, indem sie Aufgaben ausführen oder Probleme lösen, die sie eigentlich nicht betreffen. In dem Moment ist dies nicht immer hilfreich für die beteiligten Parteien und eine Abgabe der Verantwortung ist förderlicher für die Situation.

Einerseits haben Persönlichkeiten mit der Lebenszahl 6 den Glaubenssatz verinnerlicht, der besagt, dass sie helfen müssten, da die anderen sonst keine Lösungen finden könnten, doch andererseits werfen sie sich ständig vor, nicht genügend getan zu haben. Diese Menschen sollten sich bewusst werden, dass es andere Wege gibt, die Liebe von Mitmenschen zu erhalten, und dass „Nein" sagen nicht mit einem Verlust dieser einhergehen muss. Viele Mitmenschen verstehen es, wenn man aufgrund persönlicher Gründe beschließt, dass man in einer bestimmten Situation nicht helfen kann. Schließlich ist es immer besser, die eigenen Grenzen zu kennen und nur dann anderen zur Seite zu stehen, wenn man dazu körperlich und geistig auch wirklich in der Lage ist. Die Heilung des Glaubenssatzes liegt darin, die Schuldgefühle abzulegen und das eigene Selbstwertgefühl aufzubauen.

Berufungen

Eine konkrete Lebensaufgabe der Menschen mit der Lebenszahl 6 ist es, den Fokus auf das eigene Leben zu richten und eine ebenso empathische Verbindung zu sich selbst aufzubauen, wie sie nach außen hin zu den Mitmenschen besteht. Diese Menschen müssen lernen, das Helfersyndrom gehen zu lassen und das Kontrollieren anderer zu beenden. Wichtig ist außerdem, sich der teilweise extremen Erwartungen an sich selbst und an das Umfeld gewahr zu werden, um sie so zu überprüfen und sein zu lassen. Zu akzeptieren, dass jeder auf seine eigene Weise einzigartig ist, ist der Schlüssel zur Heilung.

Die Bedeutungen der einzelnen Lebenszahlen – konkrete Interpretationen des Lebensweges in den Lebensbereichen

Lebensbereich	6	15 / 6	24 / 6 und 42 / 6	33 / 6
Gesundheit	• Orientieren sich meist an den bestmöglichen, evidenzbasierten Gesundheitsformen • Streben nach Optimierung der eigenen Gesundheit • Neigen zu Muskelverspannungen und Stress durch übermäßigen Druck und Perfektionismus	• Meist aktiver Lebensstil • Energie in die richtigen Bahnen lenken, damit Schaffenskraft und Kreativität fließen können • Natürliche Heilmethoden, die die Selbstheilung aktivieren, sind besonders erfolgreich, z. B. Akupunktur, Homöopathie oder Hypnotherapie • Brauchen häufig weniger Nahrung • Bewegung, die den ganzen Körper harmonisiert	• Meist widerstandsfähige Gesundheit • Größere Krankheiten werden meist durch Spannungen und inneren Widerstand gegen Veränderungen ausgelöst • Unfälle durch impulsives und abgelenktes Handeln • Neigen dazu, durch Druck und Perfektionismus entstehende	• Oft gesunder und starker Körper • Neigen zu Magenbeschwerden und Muskelverspannungen bei zu großem Druck und Stress • Unterdrückter Ärger zeigt sich meist in Gelenkbeschwerden • Lockerer und gelassener werden, sich dem Fluss des Lebens hingeben, um

	• Entspannungsübungen • Atemübungen • Im Mäßigen üben		Frustrationen mit Süchten abzubauen • Jagen der perfekten Ernährung hinterher • In Mäßigkeit üben	Gesundheit zu fördern • Intuitive Ernährung wählen, die guttut • Regelmäßiges Fitnesstraining
Zwischenmenschliche Beziehungen	• Haben hohe Ansprüche • Tendieren dazu, eine zwischenmenschliche Beziehung als ein Projekt zu sehen • Natürlichen Verlauf der Beziehungen zulassen • Entspannen, nicht kontrollieren wollen und sich an den Geschehnissen erfreuen	• Idealisieren andere meist unverhältnismäßig stark • Sind dann enttäuscht, wenn ihre Erwartungen nicht erfüllt werden	• Suchen die perfekte Beziehung • Gesellige Art • Ausgleich zwischen Geben und Nehmen finden	• In Leidenschaftlichkeit, Ungezwungenheit und Wildheit üben • Von der Meinung anderer nicht beirren lassen • Gefühle nicht unterdrücken, sondern kommunizieren, damit sich Beziehungen entwickeln können • Künstliche Maske absetzen und authentisch sein
Begabungen, Beruf und Finanzen	• Selbstsabotage durch geringes Selbstwertgefühl vermeiden • Erkennen meist ihren eigenen Wert nicht und verlangen demnach oft nicht die Bezahlung,	• Probieren gern aus, bevor sie sich festlegen • Schriftsteller, Lehrer, Schauspieler • Finanzen als Spiegel der	• Große Genauigkeit • Analytische Fähigkeiten • Unternehmensberater, Architekten, Dienstleister, Planer, Politiker, Sportler	• Erfolg und Geld kommen, wenn Selbstzweifel nicht ausgebremst werden • Leisten sehr gute Arbeit bei großem Feingefühl, intuitiver Intelligenz, Konzentration

	die ihnen zusteht • Können sich meist nicht gut verkaufen • Wenn das Marketing stimmt, werden sie bei ihren Talenten und grandiosen Leistungen sehr erfolgreich werden	Produktivität des eigenen Schöpfens		und Zielgerichtetheit • Designer, Architekten, Schauspieler, Tänzer, Illustratoren, Sportler, Schriftsteller

NUMEROLOGIE DER LEBENSZAHL 7 – EMPFINDSAMER DENKER

Bezeichnung	Merkmale
Archetypus	Lehrer
Kennzeichnende Tugend	Weisheit
Auftrag der Seele	Heilung der Gefühle Kopf und Geist in Einklang miteinander bringen

Der Lehrer

Der Lehrer wird durch sein enormes Wissen und seine tiefen Weisheiten geprägt. Mitmenschen suchen ihn auf, wenn sie auf ihre Fragen keine Antworten kennen oder bei einem Problem nicht weiterkommen, denn genau in diesen Fällen wird der Lehrer ihnen weiterhelfen können. Er steht mit seinen Fähigkeiten im Dienst der Menschheit, denn seine Aufgabe ist es, das Wissen anschaulich und verständlich weiterzugeben. Wenn andere Hilfe benötigen, ist es der Lehrer, der ihnen mit Rat und Tat zur Seite steht.

Charakter – Eigenschaften und Schwächen

Menschen, die der Gruppe mit der Lebenszahl 7 zugeordnet werden können, haben einen ganz besonders intensiven Draht zur Spiritualität. Sie sind mystisch, religiös und philosophisch begabt, wobei sie Eigenschaften wie Selbstreflexion, Empathie und Feinfühligkeit besitzen. Allgemein sind es fleißige und gelassene Persönlichkeiten, die sich der universellen Naturgesetze bewusst sind. Neben einem analytischen Geist weisen Menschen mit der Lebenszahl 7 auch eine klare Intuition auf. Das kann dazu führen, dass sie sich in einem Zwiespalt zwischen den eigenen Emotionen und den eindeutigen Fakten innerhalb des rationalen Denkens wiederfinden. Nichtsdestotrotz zeichnet diese Art von Menschen ihre Tiefgründigkeit besonders im Hinblick auf die Spiritualität aus. Auch wenn es oft so wirkt, als seien sie sehr introvertiert, resigniert, überempfindlich und schüchtern, so besitzen sie dennoch eine ausgeprägte verständnisvolle und mitfühlende Seite. Auch ein Sinn für Perfektion findet sich im Charakter der Lebenszahl 7. Ihr eher zurückgezogenes Leben, das sich mit Selbsterkenntnis sowie Selbstreflexion beschäftigt, sowie ihre Beobachtungsgaben verleiten das Umfeld schnell zu voreiligen Schlüssen: Diese Menschen werden von anderen aufgrund ihrer Eigenschaften gern als humorlos, selbstgefällig, passiv, isoliert und überempfindlich, aber auch unnahbar, distanziert, zweifelnd, misstrauisch und wenig spontan bezeichnet. Doch dabei spielt das Innere für Menschen mit der Lebenszahl 7 eine größere Rolle als das Äußere. Weiß man ihre Qualitäten zu schätzen, so wird man von einem verständnisvollen und weisen Begleiter unterstützt, der Liebe und Aufmerksamkeit, aber vor allem tiefgründige Erkenntnisse schenken kann.

Soziales Verhalten, menschliche Beziehungen, Familie und Partnerschaften

Der angeborene Perfektionismus der Lebenszahl 7 macht es den zugehörigen Menschen manchmal nicht leicht, Freunde und eine Liebesbeziehung zu finden. Ihr hoher Anspruch an sich selbst und der Idealismus überträgt sich in Form von großen Erwartungen auch auf die Mitmenschen. Wenn sich jedoch eine zwischenmenschliche Verbindung entwickelt hat, so stellt der Mensch mit dieser Lebenszahl einen ganz besonderen Freund dar, auf den man sich wirklich verlassen kann. Nicht immer fällt es ihm leicht, seine innere Welt nach außen zu tragen und zu kommunizieren. Da er viel Zeit und Raum für sich braucht, stößt er nicht immer auf das Verständnis der anderen. Öffnen kann er sich jedoch denjenigen Menschen besonders gut, die ihm mit Geduld und ehrlichem Interesse begegnen, denn dann kann die Lebenszahl 7 Vertrauen entwickeln.

Dogmen und deren Heilung

Persönlichkeiten, die mit der Lebenszahl 7 geboren wurden, glauben häufig, sie müssten die Dinge erst gänzlich verstehen, um das Richtige tun zu können. Nur mit intensivem Nachdenken können sie die Zusammenhänge ergründen, doch die Suche nach der absoluten Erkenntnis kann sich auch in Sturheit und Engstirnigkeit entwickeln. Bevor sie sich zu sehr von der äußeren Welt entfernen und zu träumen beginnen, sollten diese Menschen erkennen, dass es sie nicht weiterbringt, wenn sie ein Opfer ihres eigenen perfektionistischen

Denkens werden. Außerdem verfolgt viele dieser Art ein weiterer Glaubenssatz, der besagt, dass sie die Fehler erkennen und wissen, was das Richtige sei. Doch diese kritische Einstellung gegenüber allem kann sie davon abhalten, andere so anzunehmen, wie sie sind. Wenn die Menschen mit der Lebenszahl 7 diesen Glauben ablegen können, sind sie in der Lage, loszulassen und ihre Freiheit wiederzuerlangen. Ihre Fähigkeit, zu beobachten und die Zusammenhänge zu erkennen, sollte nicht für Bewertungen und Verurteilungen missbraucht werden.

Berufungen

Eine Lebensaufgabe der Menschen mit der Lebenszahl 7 ist es, das Umfeld anzunehmen, indem sie ihre eigenen Erwartungen überdenken. Zudem gilt es, die Spiritualität zu ergründen und mit dem Gefühl der Einsamkeit ins Reine zu kommen, denn darin kann eine verborgene Kraft liegen. Eine Herausforderung für die Persönlichkeit dieser Gruppe liegt darin, ihren Kopf mit dem Herzen in Einklang zu bringen. Dann wird es ihr auch gelingen, sich anderen Menschen gegenüber zu öffnen und den Mut zu finden, enge und tiefgründige zwischenmenschliche Verbindungen einzugehen, auch wenn das Risiko besteht, dass sie dabei verletzt werden könnte.

Die Bedeutungen der einzelnen Lebenszahlen – konkrete Interpretationen des Lebensweges in den Lebensbereichen

Lebensbereich	**7**	**16 / 7**	**25 / 7**	**34 / 7 und 43 / 7**
Gesundheit	• Zeit in der Natur verbringen, um Energie zu tanken • Selbstvertrauen steigern durch Sportarten wie Tanzen, Kampfkunst oder Wandern	• Meditation als Besänftigung der wirren Gedanken • Leichte Ernährung, die dennoch nahrhaft und sättigend ist • Instinkten vertrauen statt	• Übermäßige geistige Aktivität, Zerstreutheit, Unselbstständigkeit und Ärger fördern Allergien, einen hohen Adrenalinpegel und Störungen des Nervensystems	• Meist robuste Gesundheit • Krankheiten häufig als Resultat von Stress und Unruhe • Mithilfe von der eigenen Intuition Heilung erfahren,

		allgemeinen Diätprogrammen • Bewusste Körperübungen zur Entspannung, wie etwa Yoga, Tai-Chi oder spazieren gehen	• Reagieren empfindlich auf emotionalen Schmerz • Meditation, Kommunikation sowie Zeit in der Natur, besonders am Wasser, zur Heilung • Sportarten wie Tanzen und Kampfsport • Heilmethoden, die sich Farbe, Licht, Kunst oder pflanzlichen Kräften bedienen, sind besonders empfehlenswert	statt mit dem Verstand verstehen zu wollen, was der Körper braucht • Fettarme, leichte Ernährung ohne Milchprodukte
Zwischenmenschliche Beziehungen	• Angst vor Verletzungen und intimer Beziehung loslassen • Auch innerhalb einer Liebesbeziehung Raum für sich selbst lassen	• Meist besonders misstrauisch und unsicher • Gefühle und Gedanken kommunizieren und zeigen • Mut finden, sich auch intimen Beziehungen zu öffnen • Wenn sie sich einmal geöffnet haben, neigen sie dazu, vertrauensvoll, liebevoll und mitteilsam zu sein	• Verletzlichkeit und eigene Emotionen zugeben und kommunizieren • Eigene Angst, verletzt oder betrogen zu werden, überwinden • Verstand 4und Gefühle in Harmonie miteinander bringen • Innere Arbeit vollbringen, um eine bessere Beziehung führen zu können	• Meist stabil, beständig, kommunikativ, vertrauensvoll und gefühlvoll innerhalb einer Beziehung

Begabungen, Beruf und Finanzen	• Sehen die innere Arbeit als wichtiger an als materielle Errungenschaften • Arbeiten gut allein • Schriftliche Verträge verfassen, die die Basis für Verständnis und Vertrauen im Geschäft bieten	• Große Schöpferkraft, hoher Maßstab und kluger Verstand • Beruf wählen, der geistig fordernd ist, Privatsphäre lässt und einen tieferen Sinn hat • Selbstwertgefühl entscheidet über den finanziellen Erfolg	• Brillanten Verstand nutzen • Schriftsteller, Schauspieler, Forscher, Techniker, Agenten, Chirurgen, Anwälte, Chemiker oder Choreographen • Finanzielle Engpässe als Spiegel für mangelndes Selbstvertrauen	• Große Schöpferkraft • Verlangen nach Selbstausdruck • Strukturelle Begabungen • Finanzieller Erfolg tritt ein, wenn Vertrauen in die eigenen Fähigkeiten besteht und nicht leichtfertig mit Geld umgegangen wird

NUMEROLOGIE DER LEBENSZAHL 8 – SELBSTBEWUSSTER MACHTHABER

Bezeichnung	Merkmale
Archetypus	Materialist
Kennzeichnende Tugend	Macht / Kraft
Auftrag der Seele	Der eigenen Macht den richtigen Stellenwert zuordnen

Der Materialist

Der Materialist lebt den größten Teil seines Lebens im Außen: in der materiellen Welt. Er verbringt eher weniger Zeit mit tiefgründigen Gedanken über das Leben und philosophische Fragen, er hält sich vielmehr an das Sichtbare, Pragmatische und Physische. Doch genau hier liegt seine Stärke: Mithilfe seiner enormen Kraft schreitet er dort zur Tat, wo ein Problem aufgetreten ist. Gibt es eine Herausforderung zu meistern, so ist der Materialist mit seiner Durchsetzungsfähigkeit, Zielstrebigkeit und Willensstärke genau der richtige für diese Arbeit.

Charakter – Eigenschaften und Schwächen

Menschen, die mit der Lebenszahl 8 geboren wurden, besitzen viele Eigenschaften rund um Macht und Kraft. Allgemein sind sie besonders willens- und führungsstark, leistungsfähig und durchsetzungsfähig. Dabei zeigen sie Einfallsreichtum, Großzügigkeit und Individualität.

Diese Persönlichkeiten bedienen sich im Alltag ihrem Charisma, ihrer Einfühlsamkeit und ihrer Intuition. Sie entwickeln ständig neue Ideen und sind in der Lage, auch langfristig zu planen. Dabei gelingt es ihnen besonders gut, andere mitzureißen und zu inspirieren. Sie strahlen eine besondere Kraft aus und wirken vertrauenswürdig auf ihr Umfeld. Ihre Intuition und Empathie verraten ihnen die Motive ihrer Mitmenschen, sodass sie hervorragend für eine Führungsposition geeignet sind. Zudem vereinen sich Charakterzüge wie Mut, Abenteuerlust, eine gute Kommunikationsfähigkeit und Produktivität in der Lebenszahl 8.

Die Schattenseite der Lebenszahl 8 kann Hochmut, Schadenfreude, Härte, Intoleranz und Unberechenbarkeit aufzeigen. Diese Menschen können genauso gut ungeduldig und stürmisch wie konfliktfreudig sein. Sie zeigen ihrem Umfeld ihre Stärke, wobei sie gern Kontrolle und Überwachung ausüben. Sie tendieren dazu, sich aufgrund eines ausgeprägten Wunsches nach Erfolg und Anerkennung im Umfeld autoritär gegenüber anderen zu verhalten, denn unterdrückt zu werden, ist für sie nicht akzeptabel.

Ein Aspekt, der die Lebenszahl 8 stark prägt, ist das Schwanken zwischen den Extremen, was bereits in der Form der Nummer zu erkennen ist. Die Gegensätze, wie Verstand und Intuition, Enttäuschung und Hoffnung oder Zerstörung und Aufbau sind besonders ausgeprägt, während diese Menschen sich selten in der Mitte zentrieren können. Oft fällt auf, dass Persönlichkeiten mit der Lebenszahl 8 auch im Leben die Extreme wahrnehmen: entweder haben sie großen Erfolg zu verzeichnen oder sie kämpfen mit Niederlagen.

Soziales Verhalten, menschliche Beziehungen, Familie und Partnerschaften

Menschen mit der Lebenszahl 8 fühlen sich zu Persönlichkeiten hingezogen, die es mit ihnen auf der geistigen, intellektuellen und kreativen Ebene aufnehmen können und sie ergänzen. Auch wenn sie sich sehr zur Familie hingezogen fühlen, so haben sie dennoch Schwierigkeiten damit, sich gefühlsbetont zu zeigen und Schwächen zuzugeben. Für andere zu sorgen bedeutet nicht immer, nur die materielle Sicherheit zu gewährleisten, es beinhaltet auch, sich emotional einzufügen. Wichtig ist hier, dass sie sich nicht von den Herausforderungen und dem Charakter anderer Menschen einengen lassen und zwischenmenschliche Beziehungen als einen Kampf ansehen. Wenn sich die Persönlichkeiten mit der Lebenszahl 8 darin üben, andere so anzunehmen, wie sie sind, werden sie sich nicht nur besser in die Gemeinschaft integrieren können, sondern auch mit der Familie versöhnen.

Innerhalb einer Liebesbeziehung kann der durchsetzungs- und willensstarke Charakter der Menschen mit der Lebenszahl 8 für Spannungen sorgen, besonders, wenn sie die Führung, Entscheidungen und auch die Verantwortung für alles übernehmen.

Dogmen und deren Heilung

Die Persönlichkeiten, die dieser Gruppe angehörig sind, glauben, alles unter Kontrolle haben zu müssen. Es ist besonders schwer für sie, loszulassen und zu vertrauen, denn sie überprüfen die Dinge lieber mit ihrem Verstand, statt auf die eigene Intuition zu hören. Zudem plagen sie immer wieder Dogmen, die besagen, dass Menschen mit der Lebenszahl 8 schnell, produktiv und hart arbeiten müssten, wodurch sie sich ständig beweisen müssen. Das begründet sich einerseits in der gewaltigen Schaffenskraft, die der Lebenszahl zugrunde liegt, andererseits fehlt ihnen die nötige Gelassenheit, um sich auch einmal zu entspannen. Es ist ihnen ein regelrechtes Bedürfnis, ständig Aufgaben zu erledigen, unentwegt beschäftigt zu sein und ihre innere Unsicherheit durch die Bestätigung von außen zu verringern.

Menschen dieser Art sollten das Leben als einen Wechsel zwischen An- und Entspannung, Hoch und Tief, Produktivität und Pause begreifen. Zudem ist es ratsam, Hilfe von anderen Mitmenschen anzunehmen, denn sie müssen die Herausforderungen des Alltags auf keinen Fall allein bewältigen. Auch wenn sie befürchten, dass niemand sie verstehen könne, so werden sie dennoch überrascht werden, wie bereichernd es sein kann, wertvolle Unterstützung zu erhalten.

Berufungen

Es ist eine Lebensaufgabe, ebendiese innere Unsicherheit nicht mit Beschäftigungen zu überdecken, sondern durch innere Arbeit anzunehmen. Diese beinhaltet das persönliche Wachstum, welches beispielsweise durch das Auflösen alter Traumata, durch Bewusstseinsarbeit und durch geistige Heilung erreicht werden kann. Genauso wollen andere Menschen akzeptiert werden, sodass Menschen mit der Lebenszahl 8 lernen sollten, unvoreingenommener zu reagieren. Zudem ist es empfehlenswert, dass sie eine konstruktive Art für sich finden, mit ihrer Kraft sowie Gedanken und Gefühlen umzugehen und sich nicht der Selbstsabotage hinzugeben. Wenn sie ihre eigene Macht erkennen und diese in die richtigen Bahnen lenken, so werden sie eine wichtige Lebensaufgabe meistern.

Die Bedeutungen der einzelnen Lebenszahlen – konkrete Interpretationen des Lebensweges in den Lebensbereichen

Lebensbereich	8	17 / 8	26 / 8	35 / 8	44 / 8
Gesundheit	• Disziplin und Zielstrebigkeit im Alltag in Form von festen Routinen integrieren • Den Tag produktiv mit körperlichen Übungen beginnen, noch vor der Arbeit • Entspannung durch Meditation und Massagen als Ausgleich für Aktivität und Stress sowie zur Linderung von Muskelverspannungen	• Herzprobleme meistens Anzeichen für Vertrauensprobleme und unverarbeitete Emotionen • Unfälle als Spiegel für selbstzerstörerische Gedanken • Körpertraining zur Steigerung des Selbstvertrauens • Entspannung wie Sauna oder Massagen zum Ausgleich der disziplinierten Übungen • Fettarme und vegetarische Ernährung	• Negative Dogmen, hohe Erwartungen und Machtgehabe ablegen, um Gesundheit zu erlangen • Neigen zu Essstörungen aufgrund von Perfektionismus • Fettarme und abwechslungsreiche Ernährung • Regelmäßige Bewegung	• Sollten sich nicht zu sehr verausgaben • Entspannung als Ausgleich für Aktivität • Fettarme, ausgewogene und vegetarische Ernährung • Maßhalten üben	• Tendieren dazu, keinen Empfehlungen von anderen zu folgen • Fettarme, ausgewogene und gesunde Ernährung • Regelmäßige Bewegung • Dehnungsübungen zum Ausgleich der inneren Starrheit und Verspanntheit
Zwischenmenschliche Beziehungen	• Arbeit hat Priorität im Leben • Verstehen sich besonders gut mit Menschen, die diese	• Dem Partner öffnen und kommunizieren, was einen wirklich bewegt	• Eigene Gefühle ergründen • Perfektionismus bezüglich der	• Machtkämpfe identifizieren	• Zwischenmenschliche Beziehungen spielen eine große Rolle, doch die

	Ausrichtung verstehen und akzeptieren, z. B. Arbeitskollegen oder andere, die ebenso nach Leistung streben • Suchen häufig Partner, die sich selbstständig um das Zuhause kümmern, nicht emotional belasten und die Vielbeschäftigkeit der Lebenszahl 8 akzeptieren	• Verletzlichkeit und Scham offenbaren • Sich den Machtkämpfen bewusst werden	Lebensbeziehung überdenken, um sich auf langfristige Bindung einlassen zu können • Soziales Umfeld annehmen		Arbeit bleibt die Priorität • Meist treu und hilfsbereit • Machtkämpfe identifizieren • Besitzen eher weniger Feingefühl
Begabungen, Beruf und Finanzen	• Arbeit und Karriere haben die größte Bedeutung im Leben • Gutes Einkommen ist wichtig • Sehnen sich nach einer Tätigkeit, in der sie führen und inspirieren können	• Scharfer Verstand und große schöpferische Kraft • Unternehmer, Politiker, Philanthropen	• Arbeiten hart und streben stets nach Verbesserung • Hohe Maßstäbe • Streben nach Erfolg, Anerkennung und Einkommen	• Arbeit hat Priorität im Leben • Mit geistiger Genialität anderen Menschen helfen • Besonders erfolgreich, wenn sie ihre Fähigkeiten für humanitäre Zwecke einsetzen • Politiker, Erfinder, Schriftsteller, Forscher • Finanzen haben eine große Bedeutung	• Analytische und autoritäre Begabungen, scharfer Verstand • Erfolg kommt durch Geduld, Fehler machen und eine feste Basis schaffen • Finanzielle Sicherheit ist besonders wichtig

NUMEROLOGIE DER LEBENSZAHL 9 – BARMHERZIGER SAMARITER

Bezeichnung	**Merkmale**
Archetypus	Heiler
Kennzeichnende Tugend	Wohltätigkeit
Auftrag der Seele	Das eigene innewohnende Licht begreifen

Der Heiler

Der Heiler ist der Archetypus, der seinen Antrieb in einem tiefen Mitgefühl zu seinen Mitmenschen findet. Er beschäftigt sich mit den Themen rund um Verletzungen, Traumata und Krankheit – eben all das, was Heilung benötigt. Ihm wohnt das Bedürfnis inne, anderen zu dienen, und am besten gelingt ihm das durch seine Wohltätigkeit. Der Heiler besitzt die Gabe, seine Patienten von einer körperlich oder geistig schmerzhaften Verfassung wieder zurück zu einem Zustand des Glücks und der Gesundheit zu führen.

Charakter – Eigenschaften und Schwächen

Menschen, die aufgrund ihres Geburtsdatums der Lebenszahl 9 zugeordnet werden können, können als gerechte, selbstlose und bodenständige Wesen bezeichnet werden. Ihre Qualitäten zeigen sich in Idealismus, Pflichtbewusstsein, Verantwortungsbewusstsein und Hellsichtigkeit. Zudem sind sie freiheitsliebend und äußerst intuitiv. Ein wichtiger Aspekt dieser Persönlichkeit ist die Orientierung nach außen auf das persönliche Umfeld. Während das Innenleben an andere Ziffern erinnert, sind die Qualitäten, die nach außen gerichtet sind, charakteristisch für die Lebenszahl 9. Diese umfassen die Einfühlsamkeit und Großzügigkeit dieser Menschen, die sie anderen entgegenbringen. Mit ihrer großen Hilfsbereitschaft greifen sie ihrem Umfeld gern unter die Arme und auch bei emotionalen Problemen werden sie immer wieder gefragt. Ihr Mitgefühl macht sie zu ausgezeichneten Zuhörern, die selbstlos Aufmerksamkeit und Liebe schenken. Sie zeigen sich verständnisvoll, positiv, liebenswert und sind nicht nachtragend. Es scheint, als ob es den Menschen mit der

Lebenszahl 9 angeboren ist, spielerisch im Mittelpunkt zu stehen. Sie besitzen eine starke Ausstrahlung, die durch gekonnte Mimik, Gestik und Wortwahl ergänzt wird. Sie wissen, wie man Mitmenschen faszinieren, inspirieren und begeistern kann, und das auf eine ganz natürliche Art.

Diese Persönlichkeiten besitzen eine ausgeprägte Beobachtungsgabe, sodass ihnen auch bestimmte soziale Verhaltensmuster nicht verborgen bleiben. Nicht nur können sie die Empfindungen anderer Menschen spüren, sondern sie wissen auch, was gut für diese wäre. Mit ihrer geselligen und sozialen Art, gepaart mit einem hohen Grad an emotionaler Reife, sind sie ein wertvolles Mitglied der Gemeinschaft. Die Aufopferung für das Umfeld zieht auch Schwächen nach sich, denn Menschen mit der Lebenszahl 9 neigen dazu, fernab der Realität zu leben. Ihre eigenen Ziele, Träume und Forderungen vergessen sie leicht, während sie sich dem Beistand anderer verschrieben haben. Man könnte sagen, dass sie oft ihr Leben vergessen und sich in eine wirklichkeitsfremde Sichtweise begeben. Meist verbleiben sie im Theoretischen, ohne in die Praxis überzugehen, und verharren bei ihren Idealen, sind sie noch so utopisch. Persönlichkeiten dieser Art können nur schwer die Kontrolle abgeben, indem sie bedingungslos vertrauen. Trotz ihrer spirituellen Ader werden diese Menschen manchmal als zurückgezogen und gleichgültig beschrieben. Wenn sie in ihre eigene Welt abtauchen und den inneren Analysen folgen, können sie zerstreut wirken. Ist die Schattenseite besonders ausgeprägt, erlebt man die Lebenszahl sogar mit Eigenschaften wie Eitelkeit und Arroganz.

Soziales Verhalten, menschliche Beziehungen, Familie und Partnerschaften

Die Lebenszahl 9 wirkt auf viele Menschen mit ihrer herzorientierten, liebevollen und harmonischen Art anziehend, weshalb es diesen Persönlichkeiten leicht fällt, zahllose zwischenmenschliche Kontakte zu unterhalten. Sie sind hervorragende Geber, lassen sich jedoch nicht in ihrer Freiheit eingrenzen. Dennoch können Menschen mit der Lebenszahl 9 Schwierigkeiten haben, sich fest zu binden, was aber nicht bedeutet, dass sie oberflächlich sind. Auch innerhalb der Familie übernahmen viele dieser Persönlichkeiten bereits früh in der Kindheit viel Verantwortung, um den Eltern Arbeit abzunehmen.

Dogmen und deren Heilung

Aus dem Glaubenssatz heraus, die eigenen Empfindungen seien zweitrangig und man selbst müsse warten, um zunächst anderen helfen zu können, kann schnell die Vorstellung entstehen, man sei für das Glück anderer verantwortlich. Dieses Denken fördert, sich selbst zu vernachlässigen und sich von sich selbst zu entfremden, während man immer nur für das Umfeld agiert. Menschen mit dieser Lebenszahl sollten sich vergewissern, dass sie sich genügend Zeit für sich selbst nehmen, und nicht vergessen, die eigenen Ziele zu verfolgen. Sie sollten erkennen, dass jeder einzelne Mensch selbst für sich und sein Leben verantwortlich ist – auch wenn es immer gut ist, andere zu unterstützen, so sollte dies nur bis zu einem gewissen Punkt geschehen. Das beinhaltet zudem, „Nein" sagen zu können, um sich abzugrenzen, und um Hilfe zu bitten.

Berufungen

Es ist wichtig für Menschen mit der Lebenszahl 9, sich mit der eigenen Realität auseinanderzusetzen und sie als das zu sehen, was sie ist. Wirklichkeit und Fantasie beziehungsweise Erwartungen und Utopie sollten bewusst voneinander getrennt werden können und nicht vermischt werden.

In Bezug auf ihre Wohltätigkeitsarbeit sollten sich diese Persönlichkeiten darin üben, bewusst mit der Unterstützung anderer umzugehen. Eine Balance zwischen Hilfsbereitschaft und den eigenen Bedürfnissen zu finden ist nicht nur möglich, sondern auch notwendig, damit Menschen, die mit der Lebenszahl 9 geboren wurden, ihre eigenen Wahrnehmungen ehren können. Hilfreich ist es, eine engere Verbindung zu sich selbst aufzubauen, indem sie Dinge tun, die Entspannung und die persönliche Lebensfreude fördern.

Die Bedeutungen der einzelnen Lebenszahlen – konkrete Interpretationen des Lebensweges in den Lebensbereichen

Lebens-bereich	9	18 / 9	27 / 9	36 / 9	45 / 9
Gesundheit	• Neigen dazu, keinen Zusammenhang zwischen ihrer ungesunden Lebensweise und der Krankheit zu sehen • Das eigene Handeln hat Konsequenzen • Sich der ungesunden Faktoren im Leben bewusst werden, um die Gewohnheiten langsam umzustellen	• Meist sehr gute Gesundheit • Sollten herausfinden, was für sie persönlich am besten ist bezüglich ihrer Gesundheit, Ernährung und Bewegung	• Alte Wunden aus der Kindheit auflösen, die sich angesammelt haben und für Beschwerden sorgen • Neigen zu Süchten als Ausgleich für emotionale Probleme • Sollten intuitiv die beste Ernährung und Bewegungsform wählen	• Neigen zu psychischen Beschwerden wie Depressionen • Bei der Ernährung darauf achten, was guttut und was für Unwohlsein sorgt • Tägliche Bewegung, z. B. Spaziergänge, Kraftübungen oder Sport	• Gesundheit ist stark abhängig von dem Umgang mit den eigenen Lebensthemen • Negative Sichtweisen fördern Unfälle und Erkrankungen • Gesunden Lebensstil wählen
Zwischenmenschliche Beziehungen	• Fühlen sich eng verbunden mit anderen Menschen	• Haben Schwierigkeiten mit Intimität und bedingungslosem Öffnen • Partner finden, der treu ist und ausgleichend wirkt	• Innerhalb der Beziehung gefühlsorientiert agieren, unabhängig von Meinungen und Überzeugungen • Verletzlichkeit und Vertrauen annehmen und zulassen	• Reizbarkeit und Hypersensibilität belastet Beziehungen • Ehrlich und authentisch Gefühle kommunizieren • Mit Idealen und Erwartungen auseinandersetzen	• Feingefühl und Mitgefühl verbessern • Eigene Gefühle annehmen

Begabungen, Beruf und Finanzen	• Berufe jeder Schicht • Übernehmen gern die Führung innerhalb einer Gemeinschaft • Haben meist Schwierigkeiten, sich für finanziellen Reichtum zu öffnen	• Führungsfähigkeiten • Dynamischer Geist mit Schöpferkraft • Anwälte, Unternehmer, Chirurgen, Beamte • Finanzen als Spiegel der eigenen Ängste und Überzeugungen • Wenn Geld aufgrund von humanitären Motiven verdient wird, so wird auch Erfolg folgen	• Forscher, Naturführer, Heiler, Pfleger, Führungspositionen • Meist Geld und materiellem Erfolg gegenüber abgeneigt	• Können sehr gut Dinge verstehen und anderen näher bringen • Schriftsteller, Lehrer, Psychotherapeuten	• Gute Auffassungsgabe • Scharfer Verstand • Geld als Zeichen für Sicherheit und Unabhängigkeit

NUMEROLOGIE DER LEBENSZAHL 11 – AUFGESCHLOSSENER MITMENSCH

Bezeichnung	**Merkmale**
Archetypus	Künstler
Kennzeichnende Tugend	Inspiration
Auftrag der Seele	Den Wandel als einzige Konstante im Leben annehmen

Der Künstler

Dieser Archetypus ist eine wahre Quelle der Inspiration. Seine Lebensweise, der Blickwinkel, durch den er die Welt wahrnimmt, und seine Herangehensweise an Herausforderungen wirken auf seine Mitmenschen anregend und motivierend. Der Künstler ist experimentierfreudig und verspielt, er nimmt die Dinge nicht zu ernst, sondern konzentriert sich lieber auf die Leichtigkeit und Unbeschwertheit. Er verfolgt seine großartigen kreativen Visionen mit viel Herzblut und Hingabe, wobei er jeden Schritt und jeden Aspekt besonders intensiv erlebt. Der Künstler ist dafür bekannt, keine halben Sachen zu machen, denn wenn er sich einmal einem interessanten Projekt verschrieben hat, dann taucht er mit Herz und Seele darin ein, bis es vollendet ist.

Charakter – Eigenschaften und Schwächen

Menschen mit der Lebenszahl 11 sind Künstler mit einem hervorragenden Sinn für Kreativität und Ästhetik. Sie haben große Träume und sind reflektierend, philosophisch und meditativ veranlagt, während sie mit zahlreichen Begabungen und einem beeindruckenden Scharfblick gesegnet sind.

Diese Persönlichkeiten fühlen sich zu anderen Menschen hingezogen, denn sie tragen Eigenschaften wie ein Harmoniebedürfnis, Hilfsbereitschaft, Empathie, Auffassungsfähigkeit und Liebe in sich. Sie fühlen sich mit ihrem sozialen Umfeld verbunden und trachten nach der Herstellung des Gleichgewichts. Ihre Empfindungen und Wahrnehmungen sind besonders intensiv, was es Menschen mit der Lebenszahl 11 nicht immer leicht macht, diese auch zu verarbeiten. Die Persönlichkeiten sind gefühlsbetont und mitfühlend, sodass sie eine ausgeprägte Intuition besitzen und auf energetischer Ebene Gegebenheiten gut erspüren können. Manchmal kann es vorkommen, dass sie bei ihrer Fähigkeit zur Empathie nicht genau unterscheiden können, ob Gefühle, die sie wahrnehmen, auch ihre eigenen oder die ihrer Mitmenschen sind. Sie fühlen sich mit der Spiritualität verbunden und nicht selten ermöglicht ihnen diese Sichtweise auf das Leben die volle Erfüllung ihres großen Potenzials. Andererseits neigt die Nummer 11 dazu, sich in Depressionen zu verlieren, wenn es dem Individuum nicht gelingt, sein Leben in die richtigen Bahnen zu lenken.

Das spiegelt ihre ängstliche, orientierungslose und verträumte Seite wider. Menschen mit der Lebenszahl 11 können unter gewissen Umständen leicht belastenden Gefühlen der Schuld und Scham verfallen. Sie tendieren außerdem dazu, sich in übertriebene Hilfsbereitschaft bis hin zur Selbstaufgabe zu begeben, wobei das eigene Empfinden zurückgestellt wird. Sie ziehen Kraft aus der Abhängigkeit, der ihnen entgegengebrachten Anerkennung und Wertschätzung anderer. Manchmal haben sie Schwierigkeiten, Menschen loszulassen, denen sie kürzlich geholfen haben, und können nicht gut damit umgehen, wenn diese sich abnabeln und eigenverantwortlich handeln. Beschuldigungen und Schuldzuweisungen bescheren den Persönlichkeiten mit der Lebenszahl 11 die Aufmerksamkeit, nach der sie sich so sehr sehnen.

Soziales Verhalten, menschliche Beziehungen, Familie und Partnerschaften

Einerseits sind Menschen, die mit der Lebenszahl 11 geboren wurden, soziale Wesen, dennoch gehen sie nicht schnell eine Beziehung ein. In der Hinsicht sind sie sehr sensibel, doch wenn sie sich einmal gebunden haben, neigen sie dazu, diese Partnerschaft in den Mittelpunkt des Lebens zu rücken. Sie benötigen sehr viel Zuwendung, Liebe und das Gefühl, gebraucht zu werden, weshalb sie sich meist stark anpassen. Um ihr Selbstwertgefühl zu stärken, befürchten sie, die Bestätigung anderer zu brauchen, und das ist nicht immer vereinbar mit ihrer Individualität und Authentizität.

Ihr enormes Harmoniebedürfnis sowie das Streben nach Verbundenheit und Zugehörigkeit veranlasst Persönlichkeiten dieser Gruppe dazu, besondere Rücksicht auf die Bedürfnisse des Partners zu nehmen, während sie sich selbst eher im Hintergrund aufhalten. Gelingt es den Menschen mit der Lebenszahl 11 allerdings, ein Gleichgewicht zu finden, so sind sie wunderbare Begleiter mit einem ganz besonderen Verständnis für Mitgefühl und Liebe.

Dogmen und deren Heilung

Sich anders zu fühlen und anders zu sein als die restliche Menschheit, ist ein zentraler Glaubenssatz dieser Persönlichkeiten. Sie sehen sich meist als Außenseiter, der nicht verstanden werden kann und dessen Fähigkeiten weder gesehen noch genutzt werden. Das schürt die Einsamkeit und fördert wiederum depressive Emotionen wie Trauer und Rückzug. Um dem entgegenzuwirken, sollten Menschen mit der Lebenszahl 11 den Mut fassen, sich mit Gleichgesinnten zu verbinden, um so die inneren Gefühle ehrlich kommunizieren zu können. Es gibt immer einen Weg, die eigenen Begabungen zum Ausdruck zu bringen, weshalb sie daran arbeiten sollten, anderen mit ihren Interessen und Fähigkeiten zu helfen.

Berufungen

Die Lebenszahl 11 fordert von den Menschen, sich mit den eigenen Ängsten sowie mit den Verhaltensmustern auseinanderzusetzen, mit welchen die Persönlichkeit unbewusst Aufmerksamkeit auf sich ziehen will. Die angeborene Fähigkeit zur Selbstreflexion ist hier äußerst hilfreich, um das eigene Bewusstsein zu verstärken, sich selbst nicht mehr länger als Opfer des Lebens und Abhängiger von der Bestätigung anderer anzusehen. Die Lebensaufgabe der Menschen mit der Lebenszahl 11 beinhaltet, anderen Mitmenschen zu helfen, doch dabei konstruktiv zu bleiben und sich selbst nicht zu vergessen.

Die Bedeutungen der einzelnen Lebenszahlen – konkrete Interpretationen des Lebensweges in den Lebensbereichen

Lebensbereich	29 / 11	38 / 11	47 / 11
Gesundheit	• Großartige Vitalität mit einem ungewöhnlich umfangreichen Kraftfeld • Beschwerden als Anzeichen für blockierte schöpferische Energie • Heilungsformen, die auf das Unterbewusstsein und die energetische Ebene einwirken, sind besonders effektiv • Abwechslungsreiche, reichhaltige Ernährung • Suchtverhalten vermeiden • Benötigen mehr Bewegung als normal, um die Energien in Fluss zu bringen	• Krankheiten treten auf, wenn sie negative Verhaltensmuster nicht ablegen können • Feinstoffliche Heilmethoden sind zu empfehlen • Ausreichend Bewegung zur Erdung	• Zarter Körper und empfindliches Kraftfeld • Beschwerden als Anzeichen für blockierte schöpferische Energie • Einfache, nährstoffreiche und vegetarische Ernährung ohne Milchprodukte • Bewegung besonders in der Natur mit reizvollen Landschaften
Zwischenmenschliche Beziehungen	• Gefühlsebene und Verstand ausgleichen • Emotionen zum Ausdruck bringen	• An dem Verlangen nach Macht und Kontrolle innerhalb der Beziehung arbeiten	• Verletzlichkeit kommunizieren • Authentisch sein und Vertrauen aufbauen
Begabungen, Beruf und Finanzen	• Sehr kreativ mit besonderer Ausstrahlung • Erfinder, Sportler, Künstler, Führer • Zustand des eigenen Energiehaushaltes ist der Spiegel der Finanzen: kann die eigene Kreativität ausgelebt werden, so fließt auch das Geld	• Autorität, feinfühlig und kreativ • Lösen Probleme • Für Führungspositionen geeignet • Erfinder, Lehrer, Unternehmer • Werden besonders erfolgreich sein, wenn sie dem Gemeinwohl dienen	• Sehr kreativ • Schriftsteller, Grafiker, Redner, Forscher, Erfinder, Heiler • Finanzen sind eher zweitrangig: Fließt die Energie, fließt auch das Geld

NUMEROLOGIE DER LEBENSZAHL 22 GERECHTER PRAKTIKER

Bezeichnung	**Merkmale**
Archetypus	Praktiker
Kennzeichnende Tugend	Effizienz
Auftrag der Seele	Bedingungslose Liebe annehmen und erfahren

Der Praktiker

Der Praktiker ist niemand, der sich in theoretischen Konstrukten und gedanklichen Visionen verliert. Wenn er ein Vorhaben hat, dann wird dies auch umgesetzt, und zwar geschieht das in der pragmatischsten und direktesten Art und Weise. Er denkt in festen Mustern, organisiert und strukturiert, wobei er stets das fertige Endprodukt seiner Idee im Hinterkopf behält. Alle Tätigkeiten zielen auf das Ergebnis, das ultimative Ziel ab, weshalb man ihn als engagiert und willensstark beschreiben kann. Der Praktiker lebt für die effiziente Umsetzung seiner Pläne – das ist seine Art des Selbstausdrucks.

Charakter – Eigenschaften und Schwächen

Menschen mit der Lebenszahl 22 sind organisiert, pragmatisch, verlässlich, ordnungsliebend, strukturiert und scharfsinnig. Sie können die Dinge klar überblicken und sich selbst sehr gut einschätzen. Zudem werden sie als gerecht, freiheitsliebend und autoritär wahrgenommen.

Diese Art von Persönlichkeiten spricht nicht nur von großen Vorhaben, sondern setzt ihre gut geplanten Visionen auch um. Mit Intelligenz, Kreativität und Struktur sind Praktiker in der Lage, praktische Pläne zu erstellen, die eine Form des Selbstausdrucks sind. Sie besitzen eine ausgeprägte Lebenskraft, sind engagiert und willensstark, wobei sie allgemein sehr positiv eingestellt sind und enthusiastisch gegenüber anderen auftreten. Aus diesem Grund eignen sie sich sehr gut für eine Führungsposition, denn in ihnen vereinen sie Charisma, Feingefühl und Einfühlungsvermögen.

Ihre strukturierte Denkweise hat auch Schwächen, die sich im intoleranten, peniblen, penetranten und kleinkarierten Verhalten widerspiegeln. Menschen mit der doppelten 2 in der Lebenszahl gelingt es manchmal nicht, die ihnen innewohnende Energie in die richtigen Bahnen zu lenken, stattdessen kann sich diese auch gegen sie selbst richten. Dann handeln sie vermehrt selbstzerstörerisch, werden kontrollierend und bewerten andere Menschen anhand ihrer eigenen hochgesteckten Ideale sowie ihres persönlichen Ehrenkodex.

Soziales Verhalten, menschliche Beziehungen, Familie und Partnerschaften

Den Freiheitsdrang mit einer festen Bindung zu verbinden und trotzdem noch sein Selbst entfalten zu können, ist für Persönlichkeiten mit der Lebenszahl 22 eine Herausforderung. Bevor sie sich auf etwas festlegen, überprüfen sie vorher genau, inwiefern der mögliche Partner geeignet ist. Bevor ein Mensch dieser Gruppe ehrlich vertrauen kann, vergeht meist etwas Zeit.

Als Familienmitglied werden diese Persönlichkeiten geschätzt, denn sie sind verlässliche Familienmenschen. Auch wenn sie dazu neigen, ihre Unterstützung anderer mit kontrollierenden und klar vorgebenden Ratschlägen zu verknüpfen, so geschieht das dennoch aus einem Wunsch heraus, zu helfen.

Es ist ihnen ganz besonders wichtig, anderen Menschen innerhalb der sozialen Gemeinschaft auf Augenhöhe zu begegnen. Sie möchten gleichgestellte Verbindungen eingehen, bei welchen sich jede Seite unabhängig entwickeln kann und keine Einbußen in Sachen Freiheit und Selbstausdruck verzeichnen muss.

Dogmen und deren Heilung

Die doppelte 2 in der Lebenszahl veranlasst Menschen, die mit dieser geboren wurden, dem Glaubenssatz zu verfallen, nicht gesehen zu werden. Das führt zu einem genervten und streitlustigen Verhalten gegenüber Mitmenschen. Es frustriert sie, aufgrund ihrer hohen Erwartungen und Ideale ständig enttäuscht zu werden. Sie sollten sich darüber klar werden, warum genau sie so auf andere reagieren und was dieses Verhalten auslöst.

Berufungen

Menschen mit der Lebenszahl 22 sollten sich über ihre teilweise extremen Erwartungen bewusst werden und darüber, inwiefern sich diese in Form von Inakzeptanz und Intoleranz äußern. Es gilt, anderen gegenüber Verständnis zu entwickeln, um von starren Glaubensmustern und Gedankenstrukturen abzulassen. Diese Persönlichkeiten sollten zudem daran arbeiten, den Wunsch nach Sicherheit nicht Überhand nehmen zu lassen, damit sie sich nicht nur dem Geldverdienen, sondern auch sich selbst verschreiben. Die Aufgabe besteht darin, die eigenen Fähigkeiten, den scharfen Verstand und die Intelligenz möglichst positiv und effizient auszudrücken.

Näheres zu der Bedeutung der Lebenszahl 22 / 4 in den einzelnen Lebensbereichen können Sie weiter oben unter Numerologie der Lebenszahl 4 nachlesen.

NUMEROLOGIE DER LEBENSZAHL 33 – KREATIVER UNTERSTÜTZER

Bezeichnung	**Merkmale**
Archetypus	Unterstützer
Kennzeichnende Tugend	Bewusstheit
Auftrag der Seele	Dienen aus der Liebe heraus, jedoch ohne Selbstaufgabe

Der Unterstützer

Der Unterstützer steht ganz im Dienst seiner Mitmenschen, denn seine Hilfsbereitschaft ist ein Ausdruck seines Mitgefühls und seiner Liebe. Bei diesem Archetypus braucht man keine Angst vor Zurückweisung zu haben, denn er unterstützt bedingungslos jeden Menschen, der danach fragt. Ob ein empathischer Zuhörer, zwei kräftige Arme oder ein seelischer Beistand benötigt wird: Der Unterstützer gibt in jedem Fall sein Bestes.

Charakter – Eigenschaften und Schwächen

Diejenigen, die aufgrund ihres Geburtsdatums der Lebenszahl 33 zugeordnet werden können, zeichnen sich durch Fleiß, Überzeugungskraft, einen analytischen Verstand sowie Scharfsinnigkeit aus. Zudem sind sie redegewandt, fürsorglich und loyal, wobei sie einen ganzheitlichen Blick auf das Leben werfen und mit den höchsten Motiven dienen.

Mitgefühl, Harmonie, ein klarer Geist, Hilfsbereitschaft und Verantwortungsbewusstsein stehen in einem Zusammenhang mit der doppelten 3. Was diesen Charakter besonders ausmacht, ist die Herangehensweise an seine Ziele. Um diese durchzusetzen oder zu erreichen, wählen Persönlichkeiten mit der Zahl 33 stets den Weg der Überzeugungskraft und mit aufmunternder und freundschaftlicher Redegewandtheit gelingt es ihnen, ihre Vorhaben umzusetzen. Womit Menschen mit der Lebenszahl 33 ihre Probleme haben, ist es, Dinge, Vorstellungen und Menschen loszulassen. Zudem fällt es ihnen schwer, zu sich selbst zu stehen und sich unter Umständen durch Abgrenzung von den Mitmenschen und ihren Problemen auf sich selbst zu konzentrieren. Das rührt daher, dass sie aufgrund des Helfersyndroms eine übermäßige Opferbereitschaft haben. Sie kämpfen zudem häufig mit Traurigkeit und Angst. Durch ihre hohe Intelligenz und Intellektualität ist es ihnen möglich, ihre Gegenüber schnell zu erfassen und deren Schwächen zu erkennen. Doch mit diesem rechthaberischen Verhalten versuchen sie häufig nur, ihre innewohnende Unsicherheit auszugleichen, indem sie besonders selbstbewusst und kompetent auftreten. Kritik an anderen lenkt dann nur noch mehr von ihnen selbst ab und fördert die eigene Sicherheit. Die geistige Überlegenheit der Menschen mit der Lebenszahl 33 verleitet sie dazu, es besser wissen zu wollen, andere zu bevormunden und ihnen Ratschläge aufzuzwingen.

Soziales Verhalten, menschliche Beziehungen, Familie und Partnerschaften

Zwischenmenschliche Beziehungen mit Persönlichkeiten dieser Lebenszahl leiden unter den hohen Erwartungen und dem Druck, der auf den Partner ausgeübt wird. Zudem neigen die Menschen mit der Lebenszahl 33 dazu, ihre Enttäuschungen und Gefühle nicht zu kommunizieren, sodass Mitmenschen häufig nicht einmal verstehen, was genau zur schlechten Stimmung geführt hat.

Innerhalb einer Liebesbeziehung ist es dieser Persönlichkeit wichtig, Harmonie, Zugehörigkeit, Humor, Kreativität und Abwechslung zu integrieren. Sie möchte sich austauschen und ihr Selbst zum Ausdruck bringen, um persönlich zu wachsen. Wenn es ihr gelingt, ihre Bedürfnisse zu stillen, sie selbst zu bleiben und sich voll auszuleben, wird sie nicht in ein Muster der Anpassung verfallen und sich sehr wohl in einer gesunden Partnerschaft fühlen.

Dogmen und deren Heilung

Zu glauben, man müsse immerzu helfen und habe die volle Verantwortung für alles, ist dennoch aber nicht gut genug, kann es Menschen mit der Lebenszahl 33 sehr schwer im Leben machen. Ratsam ist es, dass sie nur dann unterstützend eingreifen, wenn sie auch danach gefragt werden, um sich nicht selbst unnötig zu verausgaben. Wichtig ist es, dabei die Kontrolle bewusst loszulassen und auch auf die Fähigkeiten der anderen zu vertrauen. Statt sich nur auf die eigenen Schwächen zu konzentrieren, sollten diese Persönlichkeiten in

Erinnerung rufen, was sie positiv auszeichnet. Sie sollten weder sich selbst unterschätzen noch ihre lebensfrohe Seite unterdrücken.

Berufungen

Persönlichkeiten mit der Lebenszahl 33 sollten daran arbeiten, andere Menschen so anzunehmen, wie sie sind, auch dann, wenn diese ihre Ratschläge nicht annehmen oder Hilfe verweigern. Auch in diesen Fällen verdient jeder Mitmensch Wertschätzung und Akzeptanz. Eine weitere wichtige Lebensaufgabe der Persönlichkeit mit der Lebenszahl 33 ist es, sich selbst frei auszuleben – mit all den Facetten, die sie ausmachen. Es gilt, sich stets selbst treu zu bleiben, sich Dankbarkeit und Achtung entgegenzubringen und sich von Selbstzweifeln zu verabschieden.

Näheres zu der Bedeutung der Lebenszahl 33 / 6 in den einzelnen Lebensbereichen können Sie weiter oben unter Numerologie der Lebenszahl 6 nachlesen.

Persönlichkeitsanalyse und Numerologie

DIE FACETTEN DER PERSÖNLICHKEIT

Die Persönlichkeit kann nicht auf eine einzige Zahl und ihre Qualitäten heruntergebrochen werden. Vielmehr ergibt sie sich aus der Kombination vieler verschiedener, die je nach Lebensumstand mal mehr und mal weniger ausgeprägt gelebt werden. Wir Menschen sind höchst individuelle Wesen und unser Charakter setzt sich aus unendlich vielen Facetten zusammen. Wir vereinen sie alle in unserer Persönlichkeit, doch nicht immer sind sie sichtbar. Es ist stark von unserer allgemeinen Verfassung, der Umgebung und den anderen Menschen, mit denen wir interagieren, abhängig, wie wir uns in einer bestimmten Situation verhalten. Mal reagieren wir genervt und abweisend, doch ein paar Tage später würden wir eine ähnliche Situation vielleicht ruhig, gelassen und verständnisvoll auflösen. Diese Aspekte sind alle ein Teil unseres Selbst – welche wir ausleben, ist unsere eigene Entscheidung.

Um tiefer zu ergründen, welche Facetten es sind, die unsere Persönlichkeit ausmachen, bedienen wir uns der Zahlensymbolik. Die Lebenszahl zum Beispiel setzt sich aus einer zweistelligen Zahl und ihrer einstelligen Quersumme zusammen.

Beispiel: 41/5

Die erste Zahl (im Beispiel: 4) beschreibt das Unbewusste, das eher verdeckt gelebt wird, also die Facetten, die im Hintergrund agieren.

Die mittlere Zahl (im Beispiel: 1) bezieht sich allerdings auf die jungen Jahre, genauer gesagt die Kindheit und das Jugendalter.

Die dritte Zahl (im Beispiel: 5) hingegen gibt genauen Aufschluss über unsere Neigungen, unsere grundsätzliche Herangehensweise an das Leben und über unseren Umgang mit diesen.

Für eine möglichst genaue Persönlichkeitsanalyse durch die Numerologie reicht die Lebenszahl nicht aus, vielmehr sollten wir uns umfassender mit dem Namen und dem Geburtsdatum des jeweiligen Menschen befassen. Daraus ergeben sich weitere numerologisch relevante Zahlen und Zahlenkombinationen, darunter die **Namenszahl**, **Seelenzahl**, **Intensitätszahl** und viele weitere. Das vollständige Numerologieprofil des Menschen wird durch die Analyse und Deutung vieler verschiedener Zahlen erstellt, welche gemeinsam eine Art Lebenskarte des Individuums bilden. Daraus ergibt sich ein umfassender Bericht über all die Facetten, die eine Persönlichkeit besitzt.

DIE NAMENSZAHL

Was wäre, wenn wir diese genannten Facetten unserer eigenen Persönlichkeit konkret benennen könnten? Was wäre, wenn wir die Möglichkeit hätten, in einen Spiegel zu schauen, der uns unseren individuellen Charakter mit all den ausgeprägten und weniger ausgeprägten Aspekten vorhält? Hier kommt die Persönlichkeitsanalyse durch die Numerologie ins Spiel – ein Bereich davon ist die Deutung der Namenszahl.

Die Namenszahl befasst sich mit der persönlichen Entwicklung, sie gibt also Informationen über Dinge preis, die förderlich oder eben hinderlich für unseren Lebensverlauf sind. Wenn wir ihre Bedeutung aufdecken, erfahren wir, was die zentrale Aufgabe unserer Existenz ist und wie wir ebendieses Ziel erreichen können.

Einerseits können wir die Gesamtnamenszahl berechnen, also den Zahlenwert, der sich durch den Vor- und Nachnamen ergibt. Des Weiteren können Deutungen der Numerologie durchgeführt werden, die sich allein entweder auf den Vor- oder den Nachnamen beziehen. Näheres dazu erfahren Sie in diesem Kapitel. Anders als die Geburts- oder Lebenszahl kann sich die Namenszahl im Laufe des Lebens ändern, sollten wir unseren Namen durch einen anderen ersetzen. Wenn wir beispielsweise heiraten und den Nachnamen unseres Partners annehmen, beginnt damit in der Regel auch ein neuer Abschnitt, den die neue Namenszahl repräsentiert. Durch diese Änderung wird zwar der Lebensweg des Betroffenen leicht beeinflusst, doch die Grundenergie des Geburtsnamens bleibt dennoch bis zum Tod bestehen und kann nicht schwinden. Sie bleibt als die Basisschwingung bestehen, nach der sich die Kraft des Schicksals ausrichtet.

Das Ermitteln der Namenszahl: Die numerologische Transkription des Namens

Jeder Zahl von 1 bis 9 werden die Buchstaben des Alphabets zugeordnet, sodass jeder Buchstabe auch in einen Zahlenwert umgewandelt werden kann. Das ist das Prinzip, auf dem die Berechnung der Namenszahl beruht.

1	**2**	**3**	**4**	**5**	**6**	**7**	**8**	**9**
A	B	C	D	E	F	G	H	I
J	K	L	M	N	O	P	Q	R
S	T	U	V	W	X	Y	Z	
	Ö				Ä		Ü	
	ß							

Vornamenszahl – Der Ausdruck unserer Kreativität

Die Vornamenszahl konkretisiert die Informationen rund um unsere **Veranlagungen**, genauer gesagt betrachtet sie den Aspekt der Kreativität. Sie beschreibt den Menschen in Bezug auf seinen Einfallsreichtum und seine Fantasie und beantwortet die Fragen rund um die Richtung und die Art und Weise, wie jemand seine Kreativität ausdrückt beziehungsweise wie er sich grundsätzlich kreativ betätigen sollte. Die Vornamenszahl ist identisch mit dem numerologischen Zahlenwert des ersten Buchstabens des Vornamens. Um Ihre eigene Vornamenszahl zu errechnen, führen Sie die folgenden Schritte durch:

1. Schreiben Sie den Initialbuchstaben, also den ersten Buchstaben Ihres ersten Vornamens, auf.

2. Ordnen Sie nun dem Buchstaben seine Zahl zu. Nutzen Sie dafür die Tabelle oben.

3. Prüfen Sie erneut Ihre Zuordnung auf mögliche Fehler, die das Ergebnis verfälschen. So gehen Sie sicher, dass Sie auch wirklich Ihre korrekte Vornamenszahl ermittelt haben.

Zum besseren Verständnis wird das Prinzip Schritt für Schritt in Form eines Beispiels verdeutlicht. Für jemanden, der als „Max Michael Mustermann" geboren wurde, ergibt sich bei der Ermittlung der Vornamenszahl folgende Berechnung:

1. Erster Vorname: Max
Initialbuchstabe: M

2. Gemäß Tabelle ist der numerologische Zahlenwert für M = 4.
Vornamenszahl: 4

Die Bedeutungen der Vornamenszahlen

Vornamenszahl 1: Stärke und Unabhängigkeit

Menschen mit der Vornamenszahl 1 drücken mit ihrer Kreativität Stärke und Unabhängigkeit aus. Alles, was sie schöpfen, zeugt von großer Ausdruckskraft. Meist besitzt die Kreativität der Menschen mit der Vornamenszahl 1 einen ganz eigenen, individuellen Twist, der einmalig ist, denn Persönlichkeiten dieser Gruppe sind häufig mit neuartigen und wegweisenden Ideen gesegnet, die sie zudem mit größter Zielstrebigkeit umsetzen und vervollkommnen. Mit der Genialität dieser Menschen geht meist auch eine gewisse Eigensinnigkeit einher, die ebenso den Einfallsreichtum hemmen kann wie auch übersteigerte Aggressivität. Sie sollten darauf achten, dass ihr Wunsch nach dem Ausdruck ihrer Kreativität nicht in übermäßigem Ehrgeiz ausartet, ansonsten kann die Schöpferkraft nicht mehr frei durch sie fließen.

Vornamenszahl 2: Kooperativität und Hilfsbereitschaft

Denjenigen, die man der Vornamenszahl 2 zuordnen kann, gelingt es am besten, ihre Kreativität im sozialen Bereich zu verwirklichen. Ihr Fachgebiet ist die Kommunikation mit anderen Mitmenschen, denn ihre Fähigkeiten zur Vermittlung und Kooperativität sind einmalig. Diese Menschen sind stets sehr hilfsbereit, denn sie leben regelrecht auf, wenn sie ihr Umfeld unterstützen können. Dennoch muss diese Gruppe darauf achten, bei all der Hilfsbereitschaft sich nicht selbst zu opfern. Wenn sie sich nicht ausreichend um sich selbst kümmern und nicht zumindest ihre grundlegenden Bedürfnisse stillen, wird auch die Quelle der Kreativität versiegen.

Vornamenszahl 3: Vielseitigkeit und Flexibilität

Die Kreativität der Menschen mit der Vornamenszahl 3 drückt sich außerordentlich vielseitig aus. Da sie allgemein eine große Bedeutung für die Zahl 3 spielt, besitzt die Kreativität für Menschen dieser Gruppe eine besondere Stellung in ihrem Leben. Sie müssen sie stets in allen Lebensbereichen flexibel ausleben können, um bei voller Gesundheit zu bleiben. Beraubt man Menschen mit der Vornamenszahl 3 der Möglichkeit, ihren Einfallsreichtum zum Ausdruck zu bringen, wäre es so, als ob man einen Teil von ihnen stiehlt.

Deshalb ist es für diese Gruppe besonders wichtig, ein Leben zu führen, dass ebendiese Begabungen zulässt und sie nicht daran hindert, ihre Vielseitigkeit zu verwirklichen.

Vornamenszahl 4: Ausgeglichenheit und Ruhe

Die Vornamenszahl 4 bedeutet, dass Menschen dieser Gruppe für die Entfaltung ihrer Kreativität Ruhe benötigen. Sie sollten sich auf Ausgeglichenheit und Gelassenheit besinnen, damit sich ihre künstlerische Natur voll entfalten kann. Die Vornamenszahl lässt vermuten, dass Hektik und Stress hingegen ihre Kreativität hemmen und blockieren. Es gilt, sich einen individuellen Raum für sich selbst zu schaffen, in dem diese Menschen urteilslos sie selbst sein können. Wenn sie sich entspannen, sicher fühlen und nicht gestört werden, kann die Kreativität ungehindert fließen.

Vornamenszahl 5: Dynamik und Lebensfreude

Menschen mit der Vornamenszahl 5 sind so leidenschaftlich bei dem, was sie tun, dass es schon beneidenswert ist, mit welcher Hingabe sie der Auslebung ihrer Kreativität nachgehen. Auch wenn es nicht immer wichtig ist für sie, ob ein Projekt auch abgeschlossen wird, so steht der Prozess des Schaffens für sie an oberster Stelle. Ihre Priorität liegt darin, im Hier und Jetzt das Leben mit all seinen Qualitäten auszuleben, unabhängig von der Vergangenheit und der Zukunft. Wenn sie sich bedingungslos entfalten können, empfinden sie dabei pure Lebensfreude, die ihre Kreativität nur noch mehr fördert. Zudem benötigen Menschen mit der Vornamenszahl 5 eine gewisse Dynamik in der Verwirklichung ihrer kreativen Seite: Statik bedeutet Langeweile und diese erstickt jeglichen Einfallsreichtum im Keim.

Vornamenszahl 6: Geselligkeit und Familie

Menschen, die der Vornamenszahl 6 zugeordnet werden können, besitzen einen besonders ausgeprägten Sinn für Harmonie, was sich in ihrer Kreativität widerspiegelt. Am besten können sie diese im sozialen Bereich ausleben, denn dort ist es ihnen möglich, ihr tiefes Bedürfnis nach Geselligkeit zu befriedigen. Sie finden Schutz in zwischenmenschlichen Beziehungen, wodurch es scheint, als seien diese ein Katalysator für ihre Kreativität. Der Einfallsreichtum der Menschen mit der Vornamenszahl 6 ist zudem ein Indikator dafür, ob es in sozialer Hinsicht gerade gut für sie läuft oder ob sie ein Problem mit ihrem Umfeld haben. Denn wenn sich die Persönlichkeiten dieser Gruppe rundum wohl fühlen und angenommen werden, blüht auch ihre Kreativität auf.

Vornamenszahl 7: Geistigkeit und Erkenntnisse

Die Vornamenszahl 7 steht für den Intellekt, was darauf schließen lässt, dass sich die Kreativität der Menschen, die sich dieser Nummer zuordnen lassen, größtenteils im Geist zeigt. Diesen Individuen ist es möglich, dank ihrer ausgereiften geistigen Intelligenz und ihres wachsenden Wissensschatzes großartige Visionen zu entwickeln. Wo es vielen Mitmenschen an Vorstellungsvermögen und Fantasie fehlt, besitzen Menschen mit der Vornamenszahl 7 die Gabe, ihre Kreativität auf die intellektuelle Ebene zu verlagern. Nicht selten sind es ebendiese Persönlichkeiten, die innovative Ideen unter die Leute bringen, die die Gesellschaft so vorher weder kannte noch je in Betracht gezogen hätte.

Vornamenszahl 8: Zielstrebigkeit und Ehrgeiz

Während Menschen mit der Vornamenszahl 7 ihre Kreativität auf geistiger Ebene ausdrücken, verlagern jene mit der Vornamenszahl 8 diese auf die materielle Ebene. Sie drücken sich stets logisch aus und gehen an den Schöpfungsprozess stets pragmatisch sowie strategisch heran. Diese Menschen sind ständig auf der Suche nach neuen Möglichkeiten, sich selbst zu verwirklichen. Es ist wichtig, dass Persönlichkeiten mit der Vornamenszahl 8 nicht gegen ihre Natur gehen und versuchen, jemand anderes zu sein. Sie sollten deshalb darauf achten, dass sie nicht zu dominant und hart im Ausdruck ihrer Kreativität werden, denn das blockiert jegliche Energien, die den Einfallsreichtum nähren.

Vornamenszahl 9: Intuition und Empathie

Menschen mit der Vornamenszahl 9 sind wahre soziale Wesen, die ihre Erfüllung im Umgang mit ihren Mitmenschen finden. Wenn Sie im Dienst anderer stehen und ihre Empathie ausleben, ohne sich dabei selbst zu verlieren, werden ihre Ideen am meisten Anklang finden und den größten Einfluss haben. Für diese Menschen ist es besonders wichtig, dafür zu sorgen, dass jederzeit der Zugang zu ihrer Intuition besteht. Sie benötigen die uneingeschränkte Verbindung zu ihrem Gespür, denn dieses ist der Schlüssel zu ihrem Einfallsreichtum. Wenn sie jedoch darauf achten, geerdet zu bleiben und sich authentisch und menschlich zu zeigen, wird der Zugang zu ihrer Intuition und damit ihrer Kreativität nicht abbrechen.

Nachnamenszahl – Die Erwartungen unserer eigenen Familie

Die Nachnamenszahl wird nicht umsonst auch die **Pflicht**, **Erbschafts- oder Familienzahl** genannt. Diese Ziffer gibt uns Aufschluss darüber, welche Pflichten wir zu erfüllen haben, auch in Bezug auf die eigene Familie. Es sind jene Informationen, die uns vererbt wurden und welche wir wiederum an unsere eigenen Kinder weitergeben werden. Die Nachnamenszahl gibt also die Grundschwingung der Familie wieder, inklusive Karma sowie Themen, die sich im Laufe der Jahrhunderte durch die Ahnen angesammelt haben und nun an uns übergegeben wurden. Es sind die Erwartungen der Familie uns gegenüber, deren Erfüllung in unseren Händen liegt.

Diese Zahl verdeutlicht uns die Rolle, die wir innerhalb der familiären Struktur eingenommen haben, sowie die Verhaltensmuster, die wir in diesem Zusammenhang an den Tag legen. Es geht vor allem darum, wie wir uns persönlich ausdrücken, wenn wir mit unseren engsten Vertrauten und Verwandten zusammen sind. Dadurch erhalten wir die Möglichkeit, uns bewusster in der Familie zu erleben und unser Auftreten demnach anzupassen.

Für die Berechnung dieser Zahl benötigen wir den Nachnamen, um genauer zu sein den Initialbuchstaben des Nachnamens, um daraus den numerologischen Wert ableiten zu können. Um Ihre eigene Nachnamenszahl zu errechnen, führen Sie die folgenden Schritte durch:

1. Schreiben Sie den Initialbuchstaben, also den ersten Buchstaben Ihres Nachnamens auf.

2. Ordnen Sie nun dem Buchstaben seine Zahl zu. Nutzen Sie dafür die Tabelle oben.

3. Prüfen Sie erneut Ihre Zuordnung auf mögliche Fehler, die das Ergebnis verfälschen. So gehen Sie sicher, dass Sie auch wirklich Ihre korrekte Nachnamenszahl ermittelt haben.
Zum besseren Verständnis wird das Prinzip Schritt für Schritt in Form eines Beispiels verdeutlicht. Für jemanden, der als „Max Michael Mustermann" geboren wurde, ergibt sich bei der Ermittlung der Nachnamenszahl folgende Berechnung:

4. Nachname: Mustermann
Initialbuchstabe: M

5. Gemäß Tabelle ist der numerologische Zahlenwert für M = 4.
Nachnamenszahl: 4

Die Bedeutungen der Nachnamenszahlen

Nachnamenszahl 1: Stärke und Unabhängigkeit

Menschen mit der Nachnamenszahl 1 lieben ihre Familie über alles und dennoch ist es ihnen unglaublich wichtig, ihre Unabhängigkeit zu bewahren. So kann es schnell zu einem Konflikt kommen, wenn diese Persönlichkeiten das Gefühl haben, dass entweder ihre Verwandten oder die Erwartungen dieser die Individualität und Unabhängigkeit der Menschen mit der Nachnamenszahl 1 in Frage stellen. Um mögliche familiäre Herausforderungen zu meistern, ist es ratsam, die Lösung über eine ehrliche und authentische Kommunikation mit den beteiligten Verwandten zu suchen.

Nachnamenszahl 2: Kooperativität und Hilfsbereitschaft

Die Nachnamenszahl 2 zeichnet ihr ausgeprägter Wille zur Unterstützung aus. Auch in familiärer Hinsicht sind Menschen dieser Gruppe besonders bestrebt, zu helfen, unabhängig davon, was letztendlich zu erledigen ist. Diese Persönlichkeiten empfinden tiefe Freude und Genugtuung darin, ihre Verwandten und engsten Vertrauten zu unterstützen. Diese Menschen werden vielfach durch ihre aufopferungsvolle Einstellung gegenüber den familiären Pflichten geschätzt, die sie außerordentlich ernst nehmen.

Nachnamenszahl 3: Vielseitigkeit und Flexibilität

Menschen mit der Nachnamenszahl 3 haben eine ausgeprägte soziale Ader, weshalb sie sich meist stark zu ihrer eigenen Familie hingezogen fühlen. Sie werden häufig als sehr tolerant gegenüber Verwandten wahrgenommen, auch wenn diese eine andere Lebenseinstellung pflegen. Ihre Lebensfreude lassen sie sich nicht nehmen, auch wenn die familiären Erwartungen sehr groß sind. Menschen mit der Nachnamenszahl 3 fällt es tendenziell leicht, Konflikte innerhalb der Verwandtschaft mittels offener Kommunikation anzusprechen, denn es ist ihnen ein Bedürfnis, in Interaktion mit den Mitmenschen zu treten. Bei der Erfüllung der familiären Pflichten haben Persönlichkeiten, die dieser Gruppe zugeordnet werden können, immer wieder Schwierigkeiten mit

Inkonsequenz und Nachlässigkeit, weshalb sie sich ständig in Erinnerung rufen sollten, sich in Geduld und Zuverlässigkeit zu üben.

Nachnamenszahl 4: Ausgeglichenheit und Ruhe

Die Nachnamenszahl 4 bedeutet, dass sich Menschen dieser Gruppe in Hinblick auf ihre familiäre Situation mit Gelassenheit und Ruhe auseinandersetzen müssen. Bezüglich ihrer Aufgaben und Pflichten, die in einem Zusammenhang mit den eigenen Verwandten stehen, schätzen sie das Gleichgewicht und die Einigung zwischen ihren persönlichen Empfindungen und denen ihrer Familie. Menschen mit der Nachnamenszahl 4 zeichnet zudem ihre hohe Ausgeglichenheit aus, eine Fähigkeit, die ihnen bei der Erfüllung der Erwartungen der Familie zugutekommt.

Nachnamenszahl 5: Dynamik und Lebensfreude

Menschen mit der Nachnamenszahl 5 pflegen zumeist einen dynamischen und freiheitlichen Lebensstil, der nicht immer mit den Erwartungen der eigenen Familie übereinstimmt. Oft besteht deshalb an dieser Stelle ein großes Konfliktpotential, wenn Menschen dieser Gruppe das Gefühl haben, dass ihr Drang nach Freiheit und Abenteuer durch die Verwandten unterdrückt wird. Sie sollten sich bewusst machen, dass sie jederzeit das Recht haben, sie selbst zu sein und dementsprechend ihre Begabungen auszuleben, doch auch die Familie erfordert ein gewisses Maß an Aufmerksamkeit. Es ist also durchaus möglich, beide Welten miteinander zu vereinen, indem sie mit ihrer angeborenen Offenheit an die familiären Verpflichtungen herantreten.

Nachnamenszahl 6: Geselligkeit und Familie

Die Familie steht für Menschen mit der Nachnamenszahl 6 an oberster Stelle. Ihre Priorität liegt darin, die zwischenmenschliche Verbindung zu den engsten Vertrauten zu pflegen und die familiären Pflichten gewissenhaft und verantwortungsvoll zu erfüllen. Dieses Verhalten begründet sich in dem tiefen Bedürfnis nach Geselligkeit und Harmonie, das mittels Opferbereitschaft und Mitgefühl gestillt werden kann. Menschen mit der Nachnamenszahl 9 müssen darauf achten, dass ihre eigenen Erwartungen an die Familie nicht in utopischen Idealen begründet werden. Auch ist es wichtig, dass diese Persönlichkeiten sich nicht in einem krampfhaften Perfektionismus verlieren, wenn es um die Erfüllung der familiären Verpflichtungen geht. Sie sollten sich in Erinnerung rufen, dass die Familie sie liebt, komme, was wolle, denn das Blutband zwischen ihnen ist untrennbar. Die Angst, von den eigenen Verwandten abgestoßen zu werden, ist also völlig unbegründet.

Nachnamenszahl 7: Geistigkeit und Erkenntnisse

Menschen mit der Nachnamenszahl 7 erledigen ihre Verpflichtungen stets fleißig und gewissenhaft, auch dann, wenn sie familiärer Natur sind. Sie reagieren allgemein sehr sensibel und verständnisvoll auf die Erwartungen der eigenen Verwandten und mit analytischem Intellekt wägen sie lösungsorientiert ihre Chancen ab. Menschen, die der Nachnamenszahl 7 zugeordnet werden, sollten jedoch darauf achten, dass sie sich nicht zu sehr auf die geistige Ebene begeben und dabei die soziale Interaktion mit der Familie vernachlässigen. Sie tendieren dazu, sich von ihren Geliebten zu isolieren, sollten Konflikte auftreten. Die eigene Überempfindlichkeit sowie Arroganz bezüglich mancher Themen zu reflektieren, kann Abhilfe schaffen.

Nachnamenszahl 8: Zielstrebigkeit und Ehrgeiz

Die Nachnamenszahl 8 beschreibt im Allgemeinen jene Menschen, die mit besonderem Ehrgeiz und Logik ihren Pflichten nachkommen. Es ist ihnen ein wichtiges Anliegen, die Gerechtigkeit innerhalb der Familie aufrechtzuerhalten, was auch bedeutet, dass jeder die Erwartungen der Verwandten zu erfüllen hat. Menschen mit der Nachnamenszahl 8 sollten jedoch darauf achten, dass sie nicht zu dominant, autoritär und aggressiv gegenüber ihren engsten Vertrauten auftreten, denn die Familie ist eine Gemeinschaft, in der sich auf Augenhöhe begegnet werden sollte. Es sollte keine Hierarchie vorherrschen, die mit Härte und Intoleranz durchgesetzt werden muss, denn dann neigt das innige Band zwischen Familienmitgliedern dazu, zu zerbrechen.

Nachnamenszahl 9: Intuition und Empathie

Für Menschen mit der Nachnamenszahl 9 besitzen ihre sozialen Kontakte eine große Bedeutung in ihrem Leben. Die Verbindung zu anderen nährt ihre Persönlichkeit, weshalb meist nicht nur die eigenen Verwandten zu ihrer Familie zählen, sondern auch enge Vertraute. Sie nehmen ihre Verpflichtungen in der Hinsicht sehr ernst, denn sie erfüllen diese stets mit größtmöglicher Verbindlichkeit. Menschen mit der Nachnamenszahl 9 empfinden die familiären Erwartungen nicht aus einem Pflichtgefühl heraus, sondern vielmehr deswegen, weil es sich für sie natürlich und menschlich anfühlt. Es ist ihnen eine Freude, ihre Fähigkeit zur Empathie innerhalb der Familie auszuleben.

SEELENZAHL – DER AUSDRUCK UNSERER SEELE

Die **Seelenzahl** gibt Ihren inneren Antrieb wieder, der Ihr gesamtes Leben beeinflusst. Damit ist sie mit dem Schicksal eng verbunden und spiegelt die Essenz wider, aus der jeder Mensch geschaffen ist. Es geht um tiefe Empfindungen, Träume und Wünsche, nach welchen wir uns sehnen, die wir jedoch nicht unbedingt frei heraus kommunizieren. Die Seelenzahl kann als das verborgene Gesicht der Seele bezeichnet werden, denn sie zeigt auf, was unsere wahre Natur ist, unabhängig von gesellschaftlichen Ansichten, emotionalen Verletzungen und Gedanken sowie Handlungen, die man im Laufe des Lebens gedacht beziehungsweise ausgeführt hat. Die Seelenzahl bewertet nicht den Aspekt des Menschen, der für alle nach außen hin sichtbar ist, vielmehr beschränkt sie sich auf das innere: die Essenz oder der Grundbaustein unseres Seins. Auch die uns innewohnenden Stärken und Schwächen werden für die Deutung der Seelenzahl herangezogen, um so einerseits die Persönlichkeit zu beschreiben und andererseits die zentrale Lernaufgabe formulieren zu können.

Das Ermitteln der Seelenzahl

Für die Seelenzahl benötigen wir den vollständigen Namen, bestehend aus dem Vor- und Nachnamen. Doch statt alle Buchstaben in Zahlenwerte umzuwandeln, konzentrieren wir uns bei dem Ermitteln der Seelenzahl lediglich auf die Vokale, also die Buchstaben A, E, I, O und U.

1	**2**	**3**	**4**	**5**	**6**	**7**	**8**	**9**
A	B	C	D	E	F	G	H	I
J	K	L	M	N	O	P	Q	R
S	T	U	V	W	X	Y	Z	
	Ö				Ä		Ü	
	ß							

Um Ihre eigene Seelenzahl zu errechnen, führen Sie die folgenden Schritte durch:

1. Schreiben Sie Ihren vollständigen Namen auf, also auch Ihren Zweit- und Drittnamen, sollten Sie welche haben. Achten Sie darauf, dass Sie keine Abkürzungen oder Kosenamen verwenden. Der Name auf dem Zettel sollte mit dem auf Ihrer Geburtsurkunde identisch sein.

2. Markieren Sie nun alle Vokale in Ihrem Namen und ordnen Sie diesen ihre Zahl zu. Nutzen Sie dafür die Tabelle oben.

3. Setzen Sie zwischen jede Zahl ein Pluszeichen (+). Bilden Sie die Quersumme, indem Sie die Rechnung lösen und die Zahlen miteinander addieren.

4. Sollten Sie ein zweistelliges Ergebnis erhalten, bilden Sie so oft die Quersumme, bis das Endergebnis einstellig ist. Dies ist Ihre Seelenzahl.

5. Prüfen Sie erneut Ihre Rechnung auf mögliche Fehler, die das Ergebnis verfälschen. So gehen Sie sicher, dass Sie auch wirklich Ihre korrekte Seelenzahl ermittelt haben.

Zum besseren Verständnis wird das Prinzip Schritt für Schritt in Form eines Beispiels verdeutlicht. Für jemanden, der als „Max Michael Mustermann" geboren wurde, ergibt sich bei der Ermittlung der Seelenzahl folgende Berechnung:

1. Vollständiger Name: Max Michael Mustermann

2. Max Michael Mustermann

1 9 1 5 3 5 1

3. 1 + 9 + 1 + 5 + 3 + 5 + 1 = 25

4. 2 + 5 = 7

Seelenzahl: 7

Die Bedeutungen der Seelenzahlen

Seelenzahl 1: Unabhängigkeit und Freiheit

Die Seelenzahl 1 zeichnet sich durch Eigenschaften wie Freiheit und Selbstständigkeit aus. Seelen, die diese Ziffer besitzen, legen einen großen Wert auf die Integration dieser Punkte in ihrem eigenen Leben, wodurch sie bereits seit ihren jungen Jahren schon sehr unabhängig und gut organisiert sind. Es liegt in ihrer Natur, anderen zu helfen. Der Antrieb hinter der Unterstützung von Mitmenschen basiert auf dem Gefühl, dass diejenigen mit der Seelenzahl 1 das Bedürfnis haben, einen wichtigen Auftrag für die Menschheit auszuführen. Ihre Intuition und ein starker Ehrgeiz entfachen in ihnen den Wunsch, ebendiese Vision zu realisieren. Mit Hilfe ihrer höchst kreativen Schöpferenergie und Flexibilität in Bezug auf Veränderungen gelingt es ihnen oft, neue Wege einzuschlagen. Es ist kaum verwundernd, dass sie die Eigenschaften eines Pioniers besitzen, weshalb sie meist keine Vorbilder haben und oft das Gefühl haben, ganz ohne Gleichgesinnte auskommen zu müssen. Trotzdem ist es Seelen mit der Zahl 1 sehr wichtig, respektiert, anerkannt und wahrgenommen zu werden.

Die **Lernaufgabe** der Seelenzahl 1 besteht in erster Linie darin, die persönliche Vision zu entdecken und anschließend zu realisieren. Sollten die Umstände noch so schwer sein, ist es für die Menschen mit der Seelenzahl 1 besonders wichtig, nicht ins Zweifeln über die eigenen Fähigkeiten zu geraten, sondern sich selbst treu zu bleiben. Vertrauen in das Leben zu entwickeln und die Existenz als eine angenehme Erfahrung zu sehen, ist hier der Schlüssel zum Erfolg.

Seelenzahl 2: Verbundenheit und Liebe

Liebe, Zugehörigkeit und Mitgefühl – die Seelenzahl 2 steht für zwischenmenschliche Verbindungen und Harmonie. Menschen, die dieser Zahl zugeordnet werden können, geht es gut, solange sie sich gut mit ihren Mitmenschen verstehen und es keine offenen Fragen gibt. Doch sobald etwas nicht geklärt wurde oder Spannungen auftreten, fühlt sich die Seele mit der Ziffer 2 nicht mehr wohl. Ihre sanfte und sensible Natur verlangt nach Verbundenheit,

Geborgenheit und Herzenswärme, doch auch Positivität, Höflichkeit, Beständigkeit und taktvolles Handeln spendet ihr Energie. Ihr Seelenplan sieht demnach eine stabile und ausgewogene Liebesbeziehung vor.
Diese Seele bevorzugt es, sich im Hintergrund zu halten, was sich meist ebenso in Form von Unentschlossenheit und Zögerlichkeit zeigen kann. Die eigenen Ansichten nicht nur zu formulieren, sondern auch nach außen hin zu kommunizieren, fällt ihr nicht immer leicht, doch kann die Angst überwunden werden, so wird der Mensch mit der Seelenzahl 2 daran wachsen.

Die **Lernaufgabe** der Seelenzahl 2 basiert darauf, sich auf die eigenen Empfindungen zu konzentrieren. Die Bedürfnisse der Seele müssen nicht nur anerkannt, sondern auch erfüllt werden, auch wenn es diesen Menschen leichter fällt, sich auf ihre Mitmenschen zu konzentrieren. Sie sollten ihren Wunsch nach Harmonie und Schönheit auch im materiellen Sinne ausleben, zum Beispiel in Form eines bequem und stilvoll eingerichteten Zuhauses, in dem sich die ganze Familie rundum wohl fühlt.

Seelenzahl 3: Lebensfreude und Schöpferkraft

Für die Seele, die der Zahl 3 zugeordnet werden kann, ist es das wichtigste, dass sie Leichtigkeit und Freude erfährt. Für diese Menschen ist es einfach, dem Leben zu misstrauen, sich nicht auf die Erlebnisse einzulassen und ihre wahren Charakterstärken zu verdecken. Umso bedeutsamer ist es, dass sie sich in den Fluss des Lebens begeben, statt dagegen anzukämpfen, indem sie sich hinter einer Fassade aus aufgesetzten Gefühlen begeben und ihr Inneres nicht zeigen. Seelen mit der Ziffer 3 können viel verdrängten Schmerz verspüren, der aufgearbeitet werden will, bevor es zu einer inneren Leere und dem Gefühl der Sinnlosigkeit kommt.

Die **Lernaufgabe** der Seelenzahl 3 liegt in der Offenbarung der eigenen Gefühle. Fröhlichkeit und Leichtigkeit, die von Herzen kommen, müssen zugelassen werden. Doch genauso gut sollten die Menschen mit einer Seele der Zahl 3 das Negative annehmen: belastende Emotionen sind ebenso ein Teil des Lebens, weshalb sie weder versteckt noch ignoriert werden sollten.

Seelenzahl 4: Struktur und Zuverlässigkeit

Die Seelenzahl 4 zeichnet sich durch praktische Gedankenmuster und Struktur aus. Ihre Wünsche erfüllen sich diese Menschen durch ihr zuverlässiges, planmäßiges und praxisorientiertes Handeln, wobei ihr Sinn für Ordnung, Klarheit, Regel, Fleiß und Disziplin das Verwirklichen ihrer Vorhaben ermöglichen. Sie benötigen eine stabile Grundlage im Leben, damit sie sich sicher, verbunden und wohlfühlen können. Die Seelen mit der Ziffer 4 sind zudem außerordentlich ehrlich und loyal.

Menschen, die eine solche Seele besitzen, haben oft Probleme, mit ihrer Sensibilität umzugehen, und versuchen dabei, mit ihrem Intellekt auf der Ebene des Verstandes die Kontrolle beizubehalten. Sie neigen dazu, ihre Emotionen nicht authentisch zu zeigen, sondern auch bezüglich ihrer Gefühle Disziplin walten zu lassen.

Die **Lernaufgabe** der Seelenzahl 4 ist es, die eigenen Emotionen nicht als etwas anzusehen, das man durch strukturiertes Denken kontrollieren müsse. Zudem sollten diese Seelen lernen, Veränderungen als etwas Positives anzusehen, auch wenn es ihrer planmäßigen Denkweise und Ordentlichkeit widerspricht.

Seelenzahl 5: Leidenschaft und Selbstentfaltung

Seelen, die dieser Gruppe zugeordnet werden können, lieben das Neue und gehen in der Veränderung auf. Sie sind risikobereit, reisen und entdecken gern, während ihr inneres Feuer sie rastlos und nervös erscheinen lassen kann. Alles, was sie nicht wach hält und anregt, ist ihnen zu langweilig, denn die Seele mit der Zahl 5 verlangt nach Abenteuern und Herausforderungen.

Die Seelenzahl 5 wird durch Flexibilität, Abwechslungsreichtum und Spannung gekennzeichnet. Doch diese Eigenschaften zeigen sich auch in Form von Unruhe, Problemen mit Festlegen und Verpflichtungen sowie Misstrauen gegenüber Menschen mit einer anderen Lebenseinstellung.

Die **Lernaufgabe** der Seelenzahl 5 liegt in dem Umgang mit den für sie typischen Eigenschaften der Unruhe, Impulsivität, Instabilität und Abenteuerlust. Menschen, die dieser Gruppe angehören, sollten lernen, ihren enormen Willen konstruktiv zu nutzen, sodass sie ihre spielerische Natur zwar beibehalten können, aber im Verlauf des Lebens auch eine gewisse Reife erlangen. So kann auch die Seele mit der Zahl 5 Stabilität erlangen.

Seelenzahl 6: Harmonie und Unterstützung

Das, was für die Seelenzahl 6 an oberster Stelle steht, ist die Familie und das Zuhause, denn hier ist der Platz, an dem sie ihre Fürsorge, Treue, ihr Verantwortungsgefühl und Mitgefühl ausleben. Diese Seele ist liebevoll, sensibel und empathisch, wobei sie durch ihre große Hilfsbereitschaft selbstlos anderen Menschen hilft. Es ist ihr ein tiefes Bedürfnis, ihr Umfeld mithilfe ihrer Qualitäten zu unterstützen, wobei sie stets die Liebe als die zentrale, heilende Quelle ihrer Kraft gebraucht. Seelen mit der Ziffer 6 besitzen meist eine besonders positive Ausstrahlung, die Zärtlichkeit, Güte und Geduld vermuten lässt. Ihre besondere Fähigkeit ist es, andere Menschen so anzunehmen, wie sie sind. Selbst dann, wenn sie schwer enttäuscht wurden, ist es ihnen möglich, die Motive hinter dem verletzenden Verhalten des Gegenübers nachzuvollziehen. Zu verzeihen und zweite Chancen zu geben, gehört zu den Stärken der Seelenzahl 6.

Die **Lernaufgabe** der Seelenzahl 6 besteht darin, ihre Hilfsbereitschaft und Fürsorglichkeit für andere Menschen nicht ausarten zu lassen. Diese Menschen sollten ein gesundes Gleichgewicht zwischen der Befriedigung der eigenen Bedürfnisse sowie der Unterstützung anderer finden. Die persönliche Emotionalität und das Vertrauen in die eigene Intuition helfen der Seele mit der Zahl 6 dabei, diese Harmonie zu finden.

Seelenzahl 7: Tiefgründigkeit und Sinnhaftigkeit

Seelen, die der Zahl 7 angehören, benötigen Raum für sich, um ihrem Verlangen nach Spiritualität sowie der Ergründung tiefer Erkenntnisse nachzugehen. Dafür ist Ruhe und Zeit vonnöten, die die meditativen Praktiken und das Sammeln von Wissen ermöglichen. Seelen, die dieser Gruppe zugeordnet werden können, haben den Wunsch, den Sinn hinter all den körperlichen und geistigen Erfahrungen der eigenen Existenz zu ergründen. Diese Menschen können hervorragend beobachten und herausfinden, was ihr Umfeld denkt und fühlt. Sie blicken hinter die aufgesetzten Masken der Mitmenschen und sind sich ihrer Strategien und Motive bewusst. Doch statt ein Leben in Hektik und Angst zu führen, neigen Menschen mit einer Seele der Zahl 7 dazu, sich zurückzuziehen und sich auf ihr persönliches Innenleben zu konzentrieren. Hier finden sie Kraft und Klarheit.

Die **Lernaufgabe** der Seelenzahl 7 ist es, sich authentisch mit ihren Gefühlen zu zeigen. Ein guter Beobachter kann nicht nur hinter die Fassade anderer Menschen blicken, sondern auch hinter die eigene, wobei hier die Herausforderung im Zeigen des wahren Gesichts besteht. Zudem sollten Menschen mit der Seelenzahl 7 lernen, dass es auch Fragen gibt, auf die sie keine Antworten finden werden.

Seelenzahl 8: Stärke und Weitblick

Stärke, Ehrgeiz und Hartnäckigkeit sind die zentralen Eigenschaften, die die Seelenzahl 8 prägen. Menschen, die dieser Gruppe angehören, können ihre Pläne und Visionen dank ihres Mutes hervorragend in die Praxis umsetzen, wobei sie diese Arbeit als sehr bedeutsam wahrnehmen. Ihre persönlichen Projekte sind ihnen meist sogar so wichtig, dass sie dazu tendieren, dabei die Beziehungen zu anderen Menschen zu vernachlässigen. Seelen mit der Zahl 8 sollten auch Energie aus der Ruhe schöpfen, denn nicht immer ist es hilfreich, das Leben mit einer kämpferischen Natur meistern zu wollen.

Die **Lernaufgabe** der Seelenzahl 8 besteht darin, den eigenen Starrsinn zu überwinden, indem diese Menschen auch die Meinungen anderer bedenken. Die Sichtweise anzupassen kann dahingehend helfen, ein Problem aus einer anderen Perspektive zu betrachten und so möglicherweise eine Lösung dafür zu finden. Da sie dazu neigen, ständig zu kämpfen, ist es für diese Seelen wichtig, zu lernen, mit Ruhe, Geduld und Klarheit Projekte anzugehen, wobei es auch möglich ist, die Umsetzung eigener Pläne mit erfolgreichen zwischenmenschlichen Verbindungen zu verknüpfen. Das eine muss nicht zwangsläufig das andere ausschließen.

Seelenzahl 9: Hilfsbereitschaft und Intuition

Der Seele mit der Zahl 9 ist es ein besonderes Anliegen, im Dienst der Menschheit zu stehen. Sie ist durch ihre große Weisheit, Intuition und Empathie geprägt, wobei diese Persönlichkeiten nicht nur in der Lage sind, Liebe zu zeigen, sondern auch zu empfangen. Ihr innerer Antrieb ist die Suche nach dem Sinn des Lebens und den tieferen Bedeutungen hinter den Dingen. Wenn sie sich in Ruhe und Stille zurückziehen können, werden sie Antworten auf ihre Fragen finden. Gleichzeitig benötigen sie ebenso den Kontakt zu vertrauten Menschen und den herzlichen und tiefgründigen Austausch mit diesen.

Die **Lernaufgabe** der Seelenzahl 9 ist es, bei der Unterstützung anderer Menschen nicht sich selbst aufzugeben und sich ausnutzen zu lassen, sondern diese Tätigkeit in einem gesunden Rahmen für sich selbst auszuführen. Menschen, die dieser Gruppe angehören, müssen lernen, wie sie ihr Bedürfnis nach tiefer Verbundenheit zu anderen befriedigen können, ohne die eigene Identität dabei zu verlieren. Es ist wichtig, dass diese Seele ihre Grenzen als ein Zeichen der Selbstachtung aufrechterhält, denn um erfolgreich geben zu können, muss sie zunächst für sich selbst sorgen können.

INTENSITÄTSZAHL – DIE SCHWINGUNG, WELCHE SEELENZAHL UND LEBENSZAHL MITEINANDER VERBINDET

Wenn Sie den Zusammenhang zwischen Ihrer Lebenszahl und Ihrer Seelenzahl herstellen möchten, benötigen Sie die sogenannte **Intensitätszahl**. Diese Nummer gibt wieder, mit welchen Mustern Sie sich innerhalb ihres Umfeldes zeigen und wie Sie auf andere Menschen reagieren. Beschäftigen Sie sich mit dieser Zahl, so werden Sie Antworten auf Fragen wie die folgenden erhalten:

Welche Verhaltensweisen sind in Ihnen tief verwurzelt?

Wie interagieren Sie mit anderen Menschen und geschieht dies immer bewusst oder vielleicht sogar unbewusst?

Welche Ursachen liegen Ihren Verhaltensmustern zu Grunde und wodurch werden sie ausgelöst?

Durch die Intensitätszahl erhalten Sie Informationen über Ihr Verhalten im Außen und Sie bekommen die Chance, sich dessen bewusst zu werden. Erkennen Sie erst einmal, wie Sie reagieren und wie diese Muster auf Ihr Umfeld wirken, so haben Sie bereits den ersten Schritt zur Veränderung getan. Die Intensitätszahl umfasst nicht nur jene Eigenschaften, die wir als unerwünscht beschreiben würden, sondern sie gibt auch konkrete Hinweise zu den Charakterzügen, die für unsere persönliche Entwicklung und unseren Selbstausdruck förderlich sind. Mit diesem Wissen können Sie dem Leben gelassener und positiver entgegentreten.

Das Ermitteln der Intensitätszahl

Für die Ermittlung der Intensitätszahl benötigen wir den vollständigen Namen, also Vor- und Nachnamen. Es wird dieses Mal jedoch keine Berechnung mithilfe der Quersumme durchgeführt, wie es bei den vorherigen Zahlen getan wurde. Bei der Intensitätszahl zählt allein die Ziffer, die am häufigsten im Namen vertreten ist.

1	2	3	4	5	6	7	8	9
A	B	C	D	E	F	G	H	I
J	K	L	M	N	O	P	Q	R
S	T	U	V	W	X	Y	Z	
	Ö				Ä		Ü	
	ß							

Um Ihre eigene Intensitätszahl zu errechnen, führen Sie die folgenden Schritte durch:

1. Schreiben Sie Ihren vollständigen Namen auf, also auch Ihren Zweit- und Drittnamen, sollten Sie welche haben. Achten Sie darauf, dass Sie keine Abkürzungen oder Kosenamen verwenden. Der Name auf dem Zettel sollte mit dem auf Ihrer Geburtsurkunde identisch sein.

2. Ordnen Sie nun jedem einzelnen Buchstaben seine Zahl zu. Nutzen Sie dafür die Tabelle oben.

3. Zählen Sie jetzt die Frequenz der einzelnen Ziffern, das bedeutet, wie oft sie vorkommt. Die Zahl, die am häufigsten auftritt, gilt als die Intensitätszahl.

Sollte es jedoch vorkommen, dass es mehrere Zahlen gibt, die die gleiche Frequenz haben, also gleich oft vorhanden sind, stellt die Seelenzahl die Intensitätszahl dar.

4. Prüfen Sie erneut die Zahlen auf mögliche Fehler, die das Ergebnis verfälschen. So gehen Sie sicher, dass Sie auch wirklich Ihre korrekte Intensitätszahl ermittelt haben.

Zum besseren Verständnis wird das Prinzip Schritt für Schritt in Form eines Beispiels verdeutlicht. Für unseren beispielhaften „Max Michael Mustermann“ ergibt sich bei der Ermittlung der Intensitätszahl Folgendes:

1. Vollständiger Name: Max Michael Mustermann

2. Max	Michael	Mustermann
4 1 6	4 9 3 8 1 5 3	4 3 1 2 5 9 4 1 5 5

Zahl	1	2	3	4	5	6	7	8	9
Frequenz	4x	1x	3x	4x	4x	1x	0x	1x	2x

3. Die Zahlen 1, 4 und 5 kommen jeweils 4-mal im Namen vor. Da es mehrere Zahlen mit derselben Frequenz gibt, gilt in diesem Beispiel die Seelenzahl von Max Michael Mustermann als Intensitätszahl.

Intensitätszahl: 7

Die Bedeutungen der Intensitätszahlen

Intensitätszahl 1: Ausdrucksstärke versus Starrsinn

Menschen mit der Intensitätszahl 1 wirken nach außen hin häufig sehr ehrgeizig, zielstrebig und unabhängig. Mit ihrer ausdrucksstarken Art fallen sie auf und weisen in guter Führungsqualität den Weg. Sie initiieren meist erfolgreich neue Projekte, denn mit ihrer kommunikativen Art gelingt es ihnen, das Interesse ihres Umfeldes zu erwecken.

Ihre Tatkraft kann sich jedoch auch in Sturheit und Eigensinnigkeit umwandeln, wenn sie in die falschen Bahnen gelenkt wird oder diese Menschen es übertreiben. Die Intensitätszahl 1 bringt zudem einen Hang zur Aggressivität und zum Egoismus mit sich, die durch einen übersteigerten Ehrgeiz sowie durch ein ausgeprägtes Selbstbewusstsein entstehen.

Intensitätszahl 2: Diplomatie versus Unsicherheit

Die Intensitätszahl 2 zeichnet sich durch Eigenschaften wie Partnerschaftlichkeit und Ausgeglichenheit aus. Auf ihr Umfeld wirken diese Menschen zumeist sehr diplomatisch, denn sie können hervorragend zwischen mehreren Parteien vermitteln, unabhängig von den unterschiedlichen Meinungen, die zunächst keine Einigung erhoffen lassen. Menschen mit der Intensitätszahl 2 zeigen sich stets kooperativ und bindungsfähig, was sie zu angenehmen Partnern in einem gemeinsamen Projekt macht.

Diese Gruppe fällt eher negativ auf, wenn sie ihre Unsicherheit durch Launenhaftigkeit oder Passivität zeigt. Menschen mit der Intensitätszahl 2 neigen dazu, Konflikten aus dem Weg zu gehen und sich von ihrem Umfeld stark beeinflussen zu lassen.

Intensitätszahl 3: Lebensfreude versus Inkonsequenz

Menschen, die der Intensitätszahl 3 zugeordnet werden können, begeistern ihr Umfeld durch und durch. Sie sind sehr ausdrucksstark, sozial, kommunikativ wie auch wortgewandt. Ihre Kreativität können sie immer wieder anderen Menschen mit ihrer Lebensfreude nahebringen. Jedoch kann diese Gruppe von ihrem Umfeld ebenso gut als zerstreut, inkonsequent und ungeduldig wahrgenommen werden, ganz nach dem Motto, das man gerne begabten Künstlern zuschreibt: „Genie und Wahnsinn".

Intensitätszahl 4: Großzügigkeit versus Urteil

Diese Zahl beschreibt Menschen, die generell sehr ordentlich und strukturiert wirken. Wenn sie mit anderen zusammen sind, werden sie eher als neutral gestimmt wahrgenommen, denn nur selten schlagen sie sich auf eine Seite. Ihr Umfeld schätzt Menschen mit der Intensitätszahl 4 zudem als sehr großzügig und immer hilfsbereit ein. Doch diese Gruppe kann sich ebenso in Starrsinnigkeit verlieren. Diese Menschen neigen dazu, ihre Mitmenschen zu verurteilen und zu bewerten, was sie nicht immer zu beliebten Gesprächspartnern macht.

Intensitätszahl 5: Freiheitlichkeit versus Impulsivität

Als freiheitlich, abenteuerlich und weltoffen könnten Menschen mit der Intensitätszahl 5 von ihren Freunden und Bekannten beschrieben werden. Diese Gruppe weiß, wie man andere mit ihrer Leidenschaftlichkeit mit neuen Visionen begeistern kann. Doch die Schattenseite dieser Zahl liegt in ihrer Impulsivität und Tendenz zur Isolation. Wenn der Sinn nach Freiheit bei Menschen mit der Intensitätszahl 5 zu dominant ist, wirken sie auf ihr Umfeld zumeist unbeständig, unordentlich und unzuverlässig, da sie sich jeglichen Verpflichtungen entsagen wollen.

Intensitätszahl 6: Mitgefühl versus Perfektionismus

Einerseits erstrahlen Menschen mit der Intensitätszahl 6 durch ihre Harmonie, Empathie und Sympathie. Von anderen Menschen werden ihre hohen Ideale stets bewundert, ebenso ihre Opferbereitschaft und ihr Verantwortungsgefühl. Andererseits kann der Perfektionismus, der die Intensitätszahl 6 mit sich bringt, Überhand nehmen und ein für andere unangenehmes Ausmaß annehmen. Das äußert sich darin, dass scheinbar niemand mehr mit den starrsinnigen Idealen dieser Gruppe mithalten kann und keiner ihren Anforderungen mehr gerecht wird. Doch auch übermäßige Angst wird häufig vom Umfeld von Menschen mit der Intensitätszahl 6 wahrgenommen.

Intensitätszahl 7: Verständnis versus Überempfindlichkeit

Diese Zahl bedeutet, dass sich Menschen dieser Gruppe anderen gegenüber stets verständnisvoll und fair verhalten. Ihre Stärken liegen in ihrer Sensibilität und ihrem stark ausgeprägten Bewusstsein, was sie aus der Sicht ihrer Mitmenschen zu einer angenehmen und ausgeglichenen Gesellschaft macht.Ihre Sensibilität kann jedoch auch dazu führen, dass sich Menschen mit der Intensitätszahl 7 in einer größeren Ansammlung von Menschen schnell überfordert fühlen. Tritt dieser Fall ein, neigen sie dazu, sich eher still zu verhalten, sich zurückzuziehen und sich zu isolieren.

Intensitätszahl 8: Fairness versus Dominanz

Menschen mit der Intensitätszahl 8 werden häufig als sehr autoritär wahrgenommen. Sie scheinen statusorientiert und materialistisch eingestellt zu sein, wobei sie mit ihrer pragmatischen, logischen und strategischen Art ihre Ziele verfolgen. Doch auch mit Dominanz, Aggressivität, Intoleranz und Härte können sie zwischen anderen Menschen auffallen. Schadenfreude und Unberechenbarkeit kommen hinzu, wenn die Schwächen der Intensitätszahl 8 verstärkt sichtbar werden.

Intensitätszahl 9: Authentizität versus Eitelkeit

Diese Menschen zeichnen sich durch ihre Natürlichkeit aus. Andere Menschen nehmen sie als stets geerdet und menschlich wahr, zudem schätzen sie die Verbindlichkeit dieser Gruppe mit der Intensitätszahl 9. An schlechten Tagen kann es jedoch vorkommen, dass diese Menschen auf ihr Umfeld eitel und arrogant reagieren. Dann stellen sie ihr Ego zur Schau.

Erhebe dich!

DIE LEBENSAUFGABE ERKENNEN UND DEN PFAD DES EIGENEN LEBENS BESCHREITEN

DIE INITIATIONSZAHL – DIE SPIRITUELLE SEITE DER SEELE VERSTEHEN

Bei der Initiationszahl geht es um die spirituelle Seite der Menschen. Sie beleuchtet die wahre Natur, die in uns schlummert, und hilft dabei, ein Verständnis für diese zu entwickeln. Diese Zahl fordert dazu auf, unsere Persönlichkeit durch Selbstreflexion wachsen zu lassen, denn sie zeigt auch die Schwächen unseres Selbst, die nicht verleugnet werden sollten. Unsere Schwächen haben unweigerlich einen großen Einfluss auf unseren Charakter, ebenso darauf, wie wir mit unserem Umfeld umgehen und wie wir das eigene Leben wahrnehmen. Es gilt, die Schwächen als Teil der menschlichen Persönlichkeit wahrzunehmen, der ebenso zu uns gehört, wie die guten Seiten. Erst beide Aspekte, negative sowie positive, formen ein Gesamtbild, das die Individualität eines jeden Menschen auszeichnet. Die Initiationszahl betrachtet die Schwächen aus einem anderen Blickwinkel, sodass es uns im besten Fall gelingt, unsere Einstellung zu diesen zu ändern und sie anzunehmen. Erst dann ist es möglich, ein gesundes Selbstbild wie auch ein gesundes Selbstwertgefühl zu entwickeln. Die Initiationszahl gibt zudem Informationen über unsere spirituellen Aufgaben, die uns unser Leben lang fordern. Diese Ziffer liefert uns nicht nur Hinweise, wie wir die Herausforderungen auf der seelisch-geistigen Ebene identifizieren können, sondern eröffnet uns gleichzeitig auch Möglichkeiten, wie diese gemeistert werden können. Dafür ist es hilfreich, die spirituellen Aufgaben in den Alltag zu integrieren.

Das Ermitteln der Initiationszahl

Um die Initiationszahl zu errechnen, werden zunächst die Lebenszahl, die Seelenzahl und die Intensitätszahl benötigt. Aus diesen drei Nummern wird mithilfe der Quersumme die Initiationszahl bestimmt. Führen Sie folgende Schritte durch, um Ihre eigene Initiationszahl zu errechnen:

1. Schreiben Sie zu Beginn Ihren vollständigen Namen und Ihr Geburtsdatum auf einen Zettel.
2. Bestimmen Sie Ihre persönliche Lebenszahl, Seelenzahl und Intensitätszahl, indem Sie Ihren vollständigen Namen und Ihr Geburtsdatum in numerologische Zahlenwerte umrechnen. Führen Sie dazu die angegebenen Schritte aus den jeweiligen Kapiteln dieses Buches durch.
3. Schreiben Sie die drei Zahlen auf den Zettel und trennen Sie sie durch ein Pluszeichen (+).

Bilden Sie nun die Quersumme aus allen drei Nummern.

Sollten Sie ein zweistelliges Ergebnis erhalten, bilden Sie erneut die Quersumme daraus, bis das Endergebnis einstellig ist.

4. Prüfen Sie erneut Ihre Rechnung auf mögliche Fehler, die das Ergebnis verfälschen. So gehen Sie sicher, dass Sie auch wirklich Ihre korrekte Initiationszahl ermittelt haben.

Zum besseren Verständnis wird das Prinzip Schritt für Schritt in Form eines Beispiels verdeutlicht. Für unser Beispiel „Max Michael Mustermann", der am 19.06.1987 geboren wurde, ergibt sich bei der Ermittlung der Initiationszahl folgende Berechnung:

1. Vollständiger Name: Max Michael Mustermann

Geburtsdatum: 19.06.1987

2. Lebenszahl: 5

Seelenzahl: 7

Intensitätszahl: 7

(Berechnungen siehe obere Kapitel)

3. 5 + 7 + 7 = 19

1 + 9 = 10

1 + 0 = 1

Initiationszahl: 1

Die Bedeutungen der Initiationszahlen

Initiationszahl 1: Eigensinnigkeit und Sturheit

Die Initiationszahl 1 bedeutet, dass die Person lernen muss, sich ihre Schwächen, die sich vor allem in Sturheit und Eigensinnigkeit äußern können, bewusst zu machen. Diese Aspekte ihres Selbst zu ignorieren und verstecken zu wollen, ist der falsche Weg, denn dadurch wird sie immerzu mit ihren Schwächen konfrontiert. Gelingt es dem Menschen allerdings, diese Seiten anzunehmen, verlieren die Schwächen ihre negative Gewichtung sowie die Macht, die sie über sein Leben haben. Die spirituelle Aufgabe jedes Menschen besteht darin, die Ursache hinter seinem Verhalten zu ergründen. Was ist es, das seine Schwächen hervorlockt? Für die Initiationszahl 1 bedeutet dies: Was will ihm die Sturheit und Eigensinnigkeit sagen? Ein Mensch, der dieser Gruppe zugeordnet werden kann, sollte herausfinden, warum sein Charakter diese Facetten aufweist und wie diese sein Leben bestimmen. Mithilfe von konstruktiver Selbstreflexion kann es ihm gelingen, seine Schwächen zu transformieren.

Initiationszahl 2: Konfliktvermeidung und Passivität

Das gewaltige Potenzial zum spirituellen Wachstum liegt bei der Initiationszahl 2 in ihren Schwächen, die sich häufig durch Passivität, Konfliktvermeidung und Unsicherheit zeigen. Menschen dieser Gruppe sollten daran arbeiten, nicht nur ihre negativen Charaktereigenschaften zu akzeptieren, sondern diese auch zu transformieren, indem sie lernen, mit ihnen umzugehen.

Menschen mit der Initiationszahl 2 können sich ebenso je nach Situation launisch, beeinflussbar und aufopfernd verhalten. Um ihre spirituelle Aufgabe zu erfüllen, müssen sie zunächst verstehen, unter welchen Umständen ihre negativen Eigenschaften ans Tageslicht kommen.

Initiationszahl 3: Zerstreutheit und Ungeduld

Menschen, die der Initiationszahl 3 zugeordnet werden können, neigen dazu, zerstreut und inkonsequent zu sein. Ihre großartige Kreativität und ihre Schaffenskraft bringen auch ein gewisses Maß an Ungeduld mit sich, denn diesen Menschen ist es wichtig, zur Tat zu schreiten. Doch um ihre tiefere spirituelle Aufgabe im Leben zu begreifen, müssen sie lernen, dass gewisse Prozesse Zeit zur Reife benötigen. Manchmal ist es sinnvoller, einen Gang herunterzuschalten und sich die Ruhe und Stille herauszunehmen, um ein paar Dinge neu zu überdenken. Menschen mit der Initiationszahl 3 sollten wissen, dass sie ihren Tatendrang nicht einbüßen müssen, nur, weil sie sich in Geduld üben, denn das eine schließt das andere nicht aus. Wenn es ihnen hingegen gelingt, ihre Zerstreutheit als einen Teil ihrer Persönlichkeit anzunehmen, so wird es ihnen möglich sein, mit diesen Schwächen zu arbeiten. Nach und nach werden sie sie transformieren können.

Initiationszahl 4: Urteilend und Starrsinnigkeit

Menschen, die vermehrt ihr Umfeld sowie andere beurteilen und verurteilen, gehören meist der Initiationszahl 4 an. Diese Schwächen offenbaren ihnen eindeutig ihre spirituelle Aufgabe: Wenn jemand immerzu Verbesserungsvorschläge findet und nichts so akzeptieren kann, wie es ist, so sagt dies einiges über sein eigenes Innenleben aus. Menschen, die dieser Gruppe angehören, haben meist Probleme damit, sich selbst so anzunehmen, wie sie sind. Es fällt ihnen schwer, mit sich selbst und ihrem mitgegebenen Charakter zu leben. Jemand, der nach außen hin starrsinnig und urteilend agiert, ist es ebenso nach innen hin. Die Herausforderungen, die die Initiationszahl 4 mit sich bringt, bestehen darin, sich selbst als ein facettenreiches Wesen anzuerkennen. Jede einzelne Eigenschaft, ob wir diese nun als positiv oder negativ wahrnehmen, gehört zu unserem Gesamtpaket dazu. Selbst ohne unsere Schwächen wären wir nicht vollständig. Die spirituelle Aufgabe dieser Menschen verlangt, zu lernen, sich mit allen Seiten, Entscheidungen und Neigungen anzunehmen, damit die Selbstverurteilung ein Ende findet. Wenn wir mit uns selbst im Reinen sind, lieben wir auch die anderen so, wie sie sind, und das Bedürfnis nach Bewertungen und Verurteilungen lässt nach.

Initiationszahl 5: Impulsivität und Unzuverlässigkeit

Impulsivität und Unruhe sind die Schwächen der Menschen mit der Initiationszahl 5. Zudem kann es vorkommen, dass ihr Umfeld sie als unzuverlässig und unbeständig wahrnimmt. Doch diese negativen Eigenschaften sind kein Grund, um die Hoffnung auf Besserung zu verlieren. Wenn sich die betroffenen

Menschen ihrer spirituellen Aufgabe widmen, werden sie lernen, ihre Schwächen genauer zu betrachten. Die Fragen, die sich speziell diejenigen mit der Initiationszahl 5 stellen sollten, drehen sich darum, worauf sich ihre Unzuverlässigkeit und Impulsivität gründet. Was verbirgt sich hinter diesen Eigenschaften und warum zeigen sie sich immerzu in bestimmten Situationen? Menschen dieser Gruppe sollten ergründen, welches Muster hinter ihrem Verhalten steckt. Außerdem gilt es, ein gesundes Gleichmaß zwischen der enormen Abenteuerlust und Zuverlässigkeit zu finden.

Initiationszahl 6: Perfektionismus und Angst

Menschen mit der Initiationszahl 6 tendieren dazu, perfektionistisch und dabei starrsinnig zu sein. Doch sind diese Schwächen wirklich in jeder Lebenslage dienlich? Sie sollten herausfinden, wann es besser ist, diese Eigenschaften weniger intensiv auszuleben, damit sie sich das Ergebnis, auf das sie zustreben, am Ende nicht selbst verbauen. Doch es geht in ihrer spirituellen Aufgabe auch darum, diese Seite an sich anzunehmen und dankbar für sie zu sein. Denn es gibt genügend Beispiele im Leben, in denen ebendiese Eigenschaften Gold wert sind und das Potenzial besitzen, etwas Großartiges zu Stande zu bringen. Das Geheimnis liegt lediglich in der Dosierung und der Anwendung der inneren Gaben, die die Initiationszahl 6 mit sich bringt.

Initiationszahl 7: Überempfindlichkeit und Resignation

Jeder Mensch ist hier, um seine spirituelle Aufgabe zu erfüllen. Damit dies gelingt, wurden uns Herausforderungen mitgegeben. Diese bedeuten für Personen mit der Initiationszahl 7 Eigenschaften wie Überempfindlichkeit, Resignation, Isolation bis hin zu Arroganz. Hier ist es wichtig, zu erkennen, welche Ursache sich hinter ihrem Verhalten verbirgt. Menschen mit der Initiationszahl 7 sollten ihre Herausforderungen mit Freude annehmen wollen, denn ihre Schwächen zu verleugnen, wird sie nur noch stärker hervortreten lassen.

Es ist von großer Bedeutung, dass jeder Mensch die Macht hat, sich selbst zu transformieren. Das trifft auch auf diejenigen zu, die der Initiationszahl 7 zugeordnet werden können. Der erste Schritt liegt in der Akzeptanz der negativen Eigenschaften, erst dann können wir damit beginnen, den Sinn für ihre Existenz zu ergründen. Hierin liegt die spirituelle Aufgabe der Menschen.

Initiationszahl 8: Dominanz und Härte

Der Charakter eines jeden einzelnen Menschen setzt sich aus positiven wie auch negativen Eigenschaften zusammen – das trifft ausnahmslos auf die gesamte Menschheit zu. Doch können diese Menschen erkennen, welches Potenzial sich hinter ihren Schwächen verbirgt? Gelingt es speziell denjenigen mit der Initiationszahl 8, diese immense Kraft hinter ihrer Dominanz und Aggressivität in etwas Positives zu verwandeln, das nicht länger zerstört, sondern stattdessen erneuert, dann haben sie wahrlich ihre spirituelle Aufgabe gemeistert.

Initiationszahl 9: Arroganz und Eitelkeit

Menschen mit der Initiationszahl 9 haben meist mit einem starken Ego zu kämpfen. Auch ihre Arroganz und ihre Eitelkeit, mit denen sie in bestimmten Situationen auf ihr Umfeld reagieren, kommen nicht von ungefähr. Jede unserer Eigenschaften ist dazu da, uns etwas mitzuteilen, was vor allem auf unsere Schwächen zutrifft. Auf den ersten Blick meinen wir zwar, dass wir unseren negativen Seiten rein gar nichts abgewinnen können, doch wenn wir genauer hinschauen, können wir erkennen, dass wir an ihnen wachsen können. So besteht die spirituelle Aufgabe der Menschen mit der Initiationszahl 9 darin, ihr erhöhtes Ego zu ergründen, indem sie herausfinden, warum sie zeitweise so arrogant reagieren. Warum sehen sie sich selbst als besser an als ihre Umgebung? Für Menschen mit der Initiationszahl 9 besteht die Herausforderung darin, sich auf eine Ebene mit ihren Mitmenschen zu setzen, um verstehen zu können, warum andere so sind, wie sie sind.

DIE TALENTZAHL – BEGABUNGEN UND TALENTE ERKENNEN

Um die Bereiche zu erkunden, in denen wir besonders begabt sind, können wir die Talentzahl nutzen. Innerhalb der Numerologie ist sie jene Zahl, die uns unsere Stärken vorführt und zeigt, wie wir diese für uns nutzen können. Sie offenbart, wie es uns mithilfe unserer Talente gelingt, persönliche Ziele zu erreichen. Ebenso können wir besonders erfolgreich im Beruf werden, wenn wir dort unsere Begabungen einsetzen, sodass aus ‚Beruf' eine ‚Berufung' wird. Die Talentzahl verrät, für welche Arbeit wir uns aufgrund unserer Persönlichkeit besonders gut eignen. Oft wissen viele Menschen nicht, welches Potenzial in ihnen steckt. Es ist sogar eine Herausforderung für sie, ihre Stärken aufzuzählen, ganz zu schweigen von den Dingen, in denen sie herausragend sind. Aus diesem Grund ist es oft so, dass die Talente nur in den Menschen schlummern, doch nie wirklich genutzt werden. Diese Persönlichkeiten nutzen ihre Begabungen nicht, weshalb sie verkümmern bzw. nie ihre volle Stärke entwickeln können.

Jeder einzelne Mensch auf der Erde – ausnahmslos jeder – besitzt Begabungen, die absolut einzigartig sind und die es kein zweites Mal auf der Welt gibt. Niemand anderes kann diese Talente so vorweisen, wie Sie es können, was Sie ein weiteres Mal als ein höchst einzigartiges Wesen auszeichnet. Die Talentzahl hilft Ihnen dabei, verborgene Stärken zu identifizieren, die Sie noch nicht vermutet oder vielleicht noch nicht einmal in Betracht gezogen haben.

Wir wurden mit unseren Begabungen geboren, damit wir diese ausleben und in vollen Zügen genießen können. Unsere Stärken sind wie eine Art Wegweiser, der uns zu unserer Bestimmung führt. Folgen wir dem, was uns Spaß macht und was wir gut können, so werden wir automatisch unsere Talente identifizieren – und damit unser Schicksal erfüllen.

Das Ermitteln der Talentzahl

Die Berechnung der Talentzahl erfordert das Geburtsdatum, doch anders als bei der Lebenszahl wird hier die Quersumme lediglich aus dem Geburtsmonat und der Jahreszahl gebildet. Führen Sie die folgenden Schritte durch, um Ihre eigene Talentzahl zu errechnen:

1. Schreiben Sie zu Beginn Ihr Geburtsdatum ohne den Tag, also nur den Monat und das Jahr, auf einen Zettel.
2. Geben Sie dem Monat die ihm zugehörige Zahl und achten Sie darauf, das vollständige Jahr anzugeben, sodass Sie die Schreibweise MM.JJJJ erhalten.
3. Trennen Sie nun jede einzelne Zahl durch ein Pluszeichen (+).
Bilden Sie die Quersumme, indem Sie alle Ziffern miteinander addieren.
Sollten Sie ein zweistelliges Ergebnis erhalten, bilden Sie erneut die Quersumme daraus, bis das Endergebnis einstellig ist.
5. Prüfen Sie erneut Ihre Rechnung auf mögliche Fehler, die das Ergebnis verfälschen. So gehen Sie sicher, dass Sie auch wirklich Ihre korrekte Talentzahl ermittelt haben.

Zum besseren Verständnis wird das Prinzip Schritt für Schritt in Form eines Beispiels verdeutlicht. Für unser beispielhaftes Geburtsdatum 19. Juni '87 ergibt sich bei der Ermittlung der Talentzahl folgende Berechnung:

1. Vollständiges Geburtsdatum: 19. Juni ´87
Relevante Daten: Juni ´87
2. Der Juni entspricht dem 6. Monat des Jahres, wodurch sich folgende Zahlen ergeben: 06.1987 (MM.JJJJ)
3. 0 + 6 + 1 + 9 + 8 + 7 = 31
3 + 1 = 4
Talentzahl: 4

Die Bedeutungen der Talentzahlen

Talentzahl 1: Entschlossenheit und Zielstrebigkeit

Ehrgeiz prägt die Talentzahl 1. Menschen, die dieser Gruppe angehören, sind zielstrebig und dazu in der Lage, das Beste aus sich herauszuholen, wenn sie erst einmal erkannt haben, welche Potenziale in ihnen schlummern. Bei der Verwirklichung ihrer Vorhaben sind sie meist die Ersten und besitzen dadurch einen zeitlichen Vorsprung im Vergleich zu ihren Mitmenschen. Sie sind allgemein an den positiven Dingen des Lebens orientiert, auch dann, wenn mal etwas schiefläuft. Menschen mit der Talentzahl 1 vertrauen sich selbst und ihren Stärken, weshalb sie kein Problem damit haben, Verantwortung zu übernehmen. Aus diesem Grund sind sie hervorragend als Leiter oder Führer geeignet, denn sie besitzen eine sehr gute Koordinationsfähigkeit und ein ausgezeichnetes Verständnis für alle Mitglieder eines Teams. Trotz dessen weist die Talentzahl 1 darauf hin, dass diese Menschen ihre Qualitäten besonders dann entfalten können, wenn sie allein arbeiten.

Talentzahl 2: Offenheit und Liebenswürdigkeit

Die Talentzahl 2 hebt sich durch ihr besonders intensives soziales Verhalten ab. Diese Menschen benötigen zwischenmenschliche Beziehungen, um ihre Begabungen voll entfalten zu können. Dies gelingt ihnen am besten, wenn sie mit anderen zusammenarbeiten und so ständig Rückmeldungen erhalten. Natürlich sind Persönlichkeiten mit der Talentzahl 2 unglaublich teamfähig, was sie dazu befähigt, Input von außen zu empfangen und effektiv zu nutzen. Menschen, die dieser Gruppe zugeordnet werden können, sind sehr offen für Kritik und Neues. Sie sind zwar geeignet für eine Führungsposition, doch nicht immer sind diese Individuen glücklich damit, denn ihr intensives Bedürfnis nach Harmonie und das Verlangen, es allen recht machen zu wollen, ist nur schwer vereinbar mit einer hohen Position in der Hierarchie. Zudem besitzen sie meist nicht den nötigen Mut und Ehrgeiz, um allein zu arbeiten. Deshalb bietet es sich an, dass Persönlichkeiten der Talentzahl 2 ihre Talente rund um ihr emphatisches Verhalten und ihre Intuition für andere inmitten eines vertrauenswürdigen Teams entfalten. Hier können sie ihre liebevolle und fürsorgliche Art voll ausleben und die Arbeitsgemeinschaft mit ihren diplomatischen und konfliktlösenden Begabungen bereichern.

Talentzahl 3: Vielseitigkeit und Kreativität

Die Talentzahl 3 beschreibt im Allgemeinen Menschen, die ihre Begabungen tendenziell mit Ungeduld und Kampf ausleben. Ihre enorme Willensstärke und ihr Umsetzungsvermögen unterstreichen nur noch ihr energiegeladenes und lebensfrohes Auftreten. Diese Persönlichkeiten lieben es, ihren Talenten mit Engagement, Abwechslung, Produktivität, Unabhängigkeit und Verantwortung nachzugehen. Vereinen sich all diese Voraussetzungen in ihrer Arbeit, so strahlen Menschen mit der Talentzahl 3 Freude, Spaß und Lebendigkeit aus. Dennoch verlangen diese Individuen, ihrer hervorragenden Leistung nach entsprechend entlohnt zu werden.

Diese Gruppe kann sehr gut innerhalb eines Teams arbeiten. Auch dort punktet sie mit Flexibilität, Kreativität, Vielseitigkeit, Redegewandtheit, einer guten Organisationsfähigkeit und Auffassungsgabe sowie einem lösungsorientierten Denken. Vitalität ist dabei das Markenzeichen der Talentzahl 3, sollten diese Menschen ihren Träumen folgen und ihre Begabungen ausleben. In diesem Fall ist es ein Leichtes für sie, ihr Umfeld für ihre Ideen zu begeistern und zum Mitmachen zu motivieren. Doch hier liegt auch eine Herausforderung, denn für viele Mitmenschen kann das hohe Energielevel überfordernd wirken.

Talentzahl 4: Willensstärke und Schöpferkraft

Der Idealismus, der die Talentzahl 4 auszeichnet, verbunden mit einem gesunden Realismus, macht diese Menschen zu beeindruckenden Führungspersönlichkeiten, denn sie nehmen andere gerne an die Hand. Neben einer starken Überzeugungskraft und stets überlegtem Handeln vereinen Persönlichkeiten mit der Talentzahl 4 auch Großzügigkeit, Herzlichkeit und Einfühlungsvermögen in ihrem Charakter. Wenn diese Menschen den Mut dazu finden, ebendiese empathische Seite an ihnen herauszulassen und der Welt zu offenbaren, wird es ihnen auch gelingen, ihre Begabungen zu entfalten. Diese Talente verfolgen sie dann meist mit besonderer Willensstärke und Entschlossenheit.

Talentzahl 5: Leidenschaft und Wortgewandtheit

Eine besondere Begabung der Menschen mit der Talentzahl 5 ist die ausgeprägte Fähigkeit zur Konzentration. Ihr Gedächtnis sucht seinesgleichen und auch ihre Einsatzbereitschaft und die Fähigkeit, Verantwortung zu übernehmen, stechen heraus. Egal, ob innerhalb einer Führungsposition oder als ein Mitglied eines Teams – diese Persönlichkeiten sind anpassungsfähig, lösungsorientiert und dabei auf dem sozialen Niveau zur Empathie fähig. Obwohl es sie im Vergleich mit anderen eher mehr Zeit kostet, herauszufinden, welche Talente in ihnen schlummern bzw. welche Tätigkeiten ihnen Spaß machen, ist es die Wartezeit wert. Denn offenbaren sich Persönlichkeiten mit der Talentzahl 5 erst einmal ihre verborgenen Begabungen, so beweisen sie eine intensive Leidenschaft und Lebendigkeit bei der Auslebung dieser. Hier ist Geduld gefragt, damit sich diese Fähigkeiten auch entfalten können. Dabei sollten diese Menschen nicht davor zurückschrecken, Unterstützung von außen anzunehmen, um die eigenen Kräfte und Ressourcen besser zu haushalten.

Talentzahl 6: Engagement und Vervollkommnung

Menschen mit der Talentzahl 6 überzeugen mit ihrer Fähigkeit zur Anpassung und Auffassung, ihrer stets positiven Einstellung zum Leben, mit Engagement sowie der guten Bewältigung von Problemen. Sie sind hervorragend im Planen, Improvisieren, Analysieren und sie bleiben dabei dennoch flexibel und mobil im Geist. Aus diesen Gründen eignen sich Persönlichkeiten, die dieser Gruppe zugeordnet werden können, für jeden Einsatzbereich in der Berufswelt. Als Führungspersönlichkeit überzeugen sie mit ihren Visionen, ihrem Durchsetzungsvermögen, ihrem diplomatischen Verhalten und ihrer Fähigkeit, andere zu motivieren. Ihre Talente liegen in der Kommunikation, Redegewandtheit, im Journalismus und in der Öffentlichkeitsarbeit.

Individuen, die der Talentzahl 6 zugeschrieben werden können, haben großartige persönliche Ziele und trotz dessen verbleiben sie realistisch und praktisch bei der Umsetzung dieser. Um ihre Talente zu entdecken, sind sie ständig auf der Suche nach neuen Möglichkeiten. Abwechslung und ein Neuanfang werden von Menschen mit der Talentzahl 6 begrüßt.

Talentzahl 7: Wissbegierde und Spiritualität

Menschen mit der Talentzahl 7 ist das persönliche Wachstum äußerst wichtig, denn sie wollen sich stets weiterbilden. Spiritualität ist ein großes Interessengebiet für diese Persönlichkeiten, was durch spirituelle Fähigkeiten nur noch verstärkt wird. Allgemein sind sie sehr wissbegierig, fleißig und ausdauernd, wenn es darum geht, die eigenen Ziele zu erreichen. Bei der Entfaltung ihrer Begabungen ist es ebenso wichtig, dass sie diese mit unbeschwerter Freude entwickeln können. Diese Individuen, die der Talentzahl 7 angehören, zeichnet ihre Flexibilität bezüglich neuer Gegebenheiten aus. Auch Menschenkenntnis und ihr tiefes Verständnis für ihre Interessen machen sie zu hervorragenden Kandidaten für Entwickler oder Erforscher.

Talentzahl 8: Tatkraft und Entschlossenheit

Qualitäten wie ein ausgeprägter Gerechtigkeitssinn, Liebenswürdigkeit, Sensibilität und Herzlichkeit liegen Menschen mit der Talentzahl 8 zugrunde, was sie dazu befähigt, Menschen jeder Art zusammenzubringen. Ihre enorme Ausstrahlung wirkt auf ihre Umgebung oft beeindruckend, weshalb sie sich in einer Führungsposition sehr wohl fühlen. Hier können sie ihre Talente besonders vielseitig umsetzen. Diese Persönlichkeiten wissen genau über die Konsequenzen und das Ausmaß ihrer Entscheidungen Bescheid, weshalb sie so gut wie nie über ein Ziel hinausschießen.

Diesen Menschen ist es wichtig, Kontrolle zu besitzen, weshalb sie darauf achten, nie aus der Rolle zu fallen und alles im Griff zu haben. Bei der Entfaltung der Talente ist es jedoch erforderlich, dass sie Ausgewogenheit walten lassen und ihre vielseitige Kreativität fördern. Die Begabungen liegen hier häufig in der Bewegung, im Tanzen oder im Singen.

Talentzahl 9: Intuition und Weisheit

Die Begabung der Talentzahl 9 liegt eindeutig in ihrer ausgeprägten Intuition. Sie können die Dinge vielfach erspüren und erahnen, weshalb Menschen dieser Gruppe ihre Talente in diesem Bereich entfalten sollten. Es gilt, der eigenen Wahrnehmung zu vertrauen und hinzuhören, was die Intuition sowie der Instinkt zu sagen haben, damit sich diese Gaben weiter entwickeln können.

Zudem bringen Persönlichkeiten mit der Talentzahl 9 die Qualitäten der Disziplin und Selbstreflexion mit, weshalb sie als Menschen beschrieben werden können, die gewillt sind, an sich selbst zu arbeiten. Des Weiteren bringen Individuen, die dieser Gruppe zugeordnet werden können, Qualitäten wie Ordentlichkeit, Strukturiertheit und Kreativität mit. Auch ihre Hilfsbereitschaft, ihre Teamfähigkeit und Empathie sind außergewöhnlich ausgeprägt, was ihre großartige soziale Kompetenz nur unterstreicht. Genau aus diesen Gründen liegt eine weitere Begabung der Talentzahl 9 im sozialen Bereich.

DIE BERUFSZAHL – DER AUSDRUCK IM BERUF

Die Berufszahl beschreibt den Charakter eines Menschen, während er sich in seinem Berufsleben befindet. Sie gibt wieder, welche Eigenschaften wir während der Arbeit ausleben und welche Vorgehensweise wir an den Tag legen, um unsere Karrierepläne zu erreichen. Die Berufszahl gibt einen Überblick über das uns innewohnende Potenzial, das wir für die Erfüllung unserer beruflichen Pflichten nutzen können, sowie darüber, auf welche Möglichkeiten der unternehmerischen Entfaltung wir zurückgreifen können. Sie zeigt individuelle Fertigkeiten auf, ebenso wie potenzielles Wachstum, das durch die bestmögliche Anwendung der eigenen Begabungen ausgelöst werden kann. Diese Zahl beschreibt jene Rollen, die eine Persönlichkeit innerhalb des Bereiches ihrer Arbeit einnimmt. Welche Beziehungen hegt sie zu ihren Kollegen und welche Position nimmt sie in der Gegenwart ihres Chefs ein? Welche Verhaltensweisen bestimmen ihren Alltag auf der Arbeit und wie geht sie mit beruflichen Herausforderungen um?

Das Ermitteln der Berufszahl

Hier bedienen wir uns wieder den Buchstaben zugeordneten Zahlenwerten. Um eine Berechnung der Berufszahl durchzuführen, wird der vollständige Name, den man bei der Geburt erhalten hat, gemäß der Tabelle in Ziffern umgewandelt, aus denen daraufhin die Quersumme gebildet wird.

1	**2**	**3**	**4**	**5**	**6**	**7**	**8**	**9**
A	B	C	D	E	F	G	H	I
J	K	L	M	N	O	P	Q	R
S	T	U	V	W	X	Y	Z	
	Ö				Ä		Ü	
	ß							

Um Ihre eigene Berufszahl zu errechnen, führen Sie die folgenden Schritte durch:

1. Schreiben Sie Ihren vollständigen Namen auf, also auch Ihren Zweit- und Drittnamen, sollten Sie welche haben. Achten Sie darauf, dass Sie keine Abkürzungen oder Kosenamen verwenden. Der Name auf dem Zettel sollte mit dem auf Ihrer Geburtsurkunde identisch sein.
2. Ordnen Sie nun jedem einzelnen Buchstaben seine Zahl zu. Nutzen Sie dafür die Tabelle oben.
3. Setzen Sie zwischen jede Zahl ein Pluszeichen (+). Bilden Sie die Quersumme, indem Sie die Rechnung lösen und die Zahlen miteinander addieren.
4. Sollten Sie ein zweistelliges Ergebnis erhalten, bilden Sie so oft die Quersumme, bis das Endergebnis einstellig ist. Dies ist Ihre Berufszahl.
5. Prüfen Sie erneut Ihre Rechnung auf mögliche Fehler, die das Ergebnis verfälschen. So gehen Sie sicher, dass Sie auch wirklich Ihre korrekte Berufszahl ermittelt haben.

Zum besseren Verständnis wird das Prinzip Schritt für Schritt in Form eines Beispiels verdeutlicht. Für unser Beispiel „Max Michael Mustermann“ ergibt sich bei der Ermittlung der Berufszahl folgende Berechnung:

5. Vollständiger Name: Max Michael Mustermann

6. M a x M i c h a e l M u s t e r m a n n
4 1 6 4 9 3 8 1 5 3 4 3 1 2 5 9 4 1 5 5

7. Max: 4 + 1 + 6 = 11 = **2**
Michael: 4 + 9 + 3 + 8 + 1 + 5 + 3 = 33
= 3 + 3 = **6**
Mustermann: 4 + 3 + 1 + 2 + 5 + 9 + 4 + 1 + 5 + 5 = 39
= 3 + 9 = 12
= 1 + 2 = **3**
2 + **6** + **3** = 11

8. 1 + 1 = 2

Berufszahl: **2**

Die Bedeutungen der Berufszahlen

Berufszahl 1: Führung und Kommunikation

Innerhalb des Berufslebens werden Menschen mit der Berufszahl 1 immer wieder gern für Projekte herangezogen, da man bei ihnen genau weiß, dass ihre Zielstrebigkeit, ihr Ehrgeiz und ihre kritische Einstellung stets zu positiven Ergebnissen führen. Zudem können sie hervorragend die Führung eines Teams übernehmen, denn ihre initiative und wegweisende Ader macht sie zu Führungspersönlichkeiten, wenn die ihnen innewohnende Sturheit und Aggressivität nicht Überhand gewinnen. Zudem wissen sie ihre Mitarbeiter und Kollegen mit einer guten Kommunikation und einem ausdrucksstarken Verhalten zu gewinnen.

Berufszahl 2: Kooperation und Vermittlung

Menschen mit der Berufszahl 2 punkten in ihrem Beruf mit ihrer Anpassungsfähigkeit und Kooperativität. Zudem sind sie echte Teamplayer, die dank ihres diplomatischen Einfühlungsvermögens und ihrer Rücksichtnahme die Gemeinschaft in ihrem Kollegenkreis zusammenhalten. Das partnerschaftliche Verhalten vermittelt ihren Berufsgenossen ein gutes Gefühl, weshalb diese immer wieder gern mit ihnen zusammenarbeiten. Diese Menschen sollten jedoch darauf achten, dass sie Konflikten und Problemen nicht aus dem Weg gehen. Da sie dazu neigen, passiv und beeinflussbar zu sein, sollten sie sich stets mit dem Team beraten und innerhalb der Gemeinschaft agieren. Jeder hat seine Stärken, die in der Arbeitsgruppe geschätzt und benötigt werden. Wenn Menschen mit der Berufszahl 2 ihre persönlichen Begabungen, wie die des Vermittelns zwischen verschiedenen Parteien, ausleben, so können andere Kollegen im Team ihre Schwächen ausgleichen.

Berufszahl 3: Kreativität und Wortgewandtheit

Kreativität und Wortgewandtheit sind die zentralen Stärken, die Menschen mit der Berufszahl 3 während der Arbeit weiterhelfen. Zudem gelingt es ihnen immer wieder, ihre Ideen mit einer begeisternden, leidenschaftlichen und ausdrucksstarken Art ihren Mitarbeitern, Kollegen und Chefs zu vermitteln. Zudem eignen sie sich als Teammitglieder, denn sie sind tolerant gegenüber anderen

Ansichten, zudem sozial und interaktiv veranlagt. Ihre Neigung zur Inkonsequenz und Ungeduld sollten sie allerdings im Hinterkopf behalten und sie sollten bewusst daran arbeiten, damit sich die Umsetzung ihrer genialen Ideen nicht durch ihre Zerstreutheit verzögert.

Berufszahl 4: Struktur und Ordnung

Menschen mit der Berufszahl 4 lieben es, in klaren Strukturen zu denken. Das macht sie zu hervorragenden Mitarbeitern, die stets für Ordnung sorgen und den Überblick behalten. Diese Menschen werden immer benötigt, vor allem, wenn es den Kollegen und Teammitgliedern im Berufsleben schwerfällt, während ihrer Arbeit eine gewisse Disziplin beizubehalten. Menschen mit der Berufszahl 4 werden überall dort benötigt, wo es von großer Bedeutung ist, dass Regeln, Genauigkeiten und spezielle Prozedere eingehalten werden. Es ist in ihrem Charakter verankert, in systematischen Mustern zu denken und einem festen, geplanten Ablauf zu folgen. Manchmal schlägt dies jedoch auch in Starrsinnigkeit um, wenn diese Gruppe partout nicht von ihrem ausgearbeiteten Plan abweichen will, auch wenn dieser nicht mehr aktuell oder der bestmögliche ist. Hier sollten sich die Menschen mit der Berufszahl 4 in Kompromissbereitschaft und Anpassungsfähigkeit üben, um ein gesundes Mittelmaß zwischen Struktur und Flexibilität zu finden.

Berufszahl 5: Vision und Konstruktivität

Im Berufsleben gelingt es häufig Menschen mit der Berufszahl 5, neue Ideen auf den Markt zu bringen, denn sie sind geborene Visionäre. Ihre Abenteuerlust und Weltoffenheit verschaffen ihnen den benötigten freien Geist, der interessante, zunächst noch unbekannte Konzepte zulässt und in Erwägung zieht. Zudem denken sie stets lösungsorientiert und konstruktiv – zwei Eigenschaften, die für die Bewältigung der Probleme auf dieser Erde von großer Bedeutung sind. Wenn sich diese Menschen einmal einem Projekt verschreiben, brennt ihre Leidenschaft auf. Sie müssen jedoch darauf achten, dass sie nicht dazu tendieren, ihre Arbeiten nur unvollständig und unzuverlässig zu leisten. Ihre impulsive und unruhige Ader verleitet sie schnell dazu, unordentlich und unbeständig im Beruf zu handeln, was für viele Probleme sorgen kann.

Berufszahl 6: Idealismus und Verantwortungsbewusstsein

Menschen, die der Berufszahl 6 zugeordnet werden können, werden von ihren Kollegen aufgrund ihrer ausgeglichenen, sympathischen und sozialen Art geschätzt. Sie sind immer gern gesehene Teammitglieder, mit denen es angenehm ist, zu arbeiten. Sie verbreiten Harmonie und sorgen allein mit ihrer Anwesenheit bereits für eine ruhige Arbeitsatmosphäre. Ihr Perfektionismus sorgt stets für eine hohe Qualität ihrer Arbeit. Sie vertiefen sich meist intensiv in ein Projekt, sollte dies ihren Interessen, aber vor allem ihren hohen Idealen entsprechen. Aus diesem Grund sollten Menschen mit der Berufszahl 6 auch nur Berufen nachgehen, mit denen sie sich voll und ganz identifizieren können. Wenn sie jedoch eine Arbeit ausführen, die nicht mit ihren hohen Vorstellungen übereinstimmt, so wird das früher oder später für Konflikte sorgen.

Berufszahl 7: Fleiß und Analyse

Die Berufszahl 7 bringt einen großen Intellekt sowie Wissensdurst und Fleiß mit sich, weshalb Menschen dieser Gruppe immer gern gesehene Kollegen und Teamkameraden sind. Ihre analytischen Fähigkeiten gepaart mit den vielen Kompetenzen machen sie zu erfolgreichen Persönlichkeiten im Berufsleben. Doch auch ihre soziale Seite kommt nicht zu kurz: Wenn sich ihre Schwächen der Arroganz und Resignation nicht zu stark ausgeprägt haben, sind sie innerhalb ihres Arbeitsumfeldes stets gerecht, sensibel und verständnisvoll.

Berufszahl 8: Logik und Strategie

Menschen mit der Berufszahl 8 sind meist auf den Führungsposten aus und das nicht ohne Grund. Ihre angeborene autoritäre und dominante Seite lässt in ihrem beruflichen Umfeld kaum jemanden an ihren Kompetenzen zweifeln. Diese Gruppe ist zudem sehr gut darin, pragmatisch, logisch und strategisch zu denken. All diese Eigenschaften machen sie zu starken Charakteren in der Berufswelt. Doch Menschen mit der Berufszahl 8 neigen auch dazu, diese Stärke in Form von Härte und Aggressivität umschlagen zu lassen. Das geschieht, wenn ihr Wunsch nach Status, Materialismus und Karriere die zwischenmenschlichen Aspekte in ihnen unterdrückt. Wenn sie jedoch um diese Tendenzen wissen und stets an sich arbeiten, werden sie hervorragende Chefs und Führungspersönlichkeiten, die es verdient haben, auf ihrer Position zu sitzen.

Berufszahl 9: Menschlichkeit und Natürlichkeit

Die Berufszahl 9 bringt Menschlichkeit und Natürlichkeit mit sich, weshalb Menschen, die dieser Zahl zugeordnet werden können, besonders im sozialen Bereich ihre berufliche Erfüllung finden. Ihre Verbindlichkeit ist eine Eigenschaft, die sehr von ihren Arbeitskollegen, aber auch von Kunden geschätzt wird.

DIE AUSDRUCKSZAHL – MEINE WIRKUNG IM AUSSEN

Die Ausdruckszahl ist jener numerologische Zahlenwert, der die Wirkung einer Persönlichkeit in ihrem Umfeld betrachtet. Sie gibt also wieder, wie ein Individuum auf sein Umfeld wirkt und wie andere Menschen es wahrnehmen. Diese Ziffer spiegelt die Art und Weise wider, wie wir uns in der Gegenwart von anderen verhalten, außerdem, welche Auswirkungen unser eigener Charakter und unsere Handlungsweisen auf das Umfeld haben. Ein wichtiger Begriff stellt hier der Selbstausdruck dar. Auf diesem liegt bei der Deutung der Ausdruckszahl, wie der Name bereits vermuten lässt, eine besondere Bedeutung. Sie gibt uns Aufschluss darüber, wie es uns gelingen kann, authentisch zu sein und uns dennoch frei zu entfalten. Die Ausdruckszahl offenbart die der jeweiligen Zahl vorliegenden Möglichkeiten zur persönlichen Entwicklung, die den ehrlichen, wahren und unverfälschten Selbstausdruck begünstigen.

Das Ermitteln der Ausdruckszahl

Für die Ausdruckszahl wird der Wohlfühlname benötigt. Das ist jener Name, mit dem Sie am meisten angesprochen werden und der sie am besten zu beschreiben scheint. Von diesem Namen werden alle Konsonanten benötigt, aus denen wiederum die Quersumme gebildet wird.

1	2	3	4	5	6	7	8	9
A	B	C	D	E	F	G	H	I
J	K	L	M	N	O	P	Q	R
S	T	U	V	W	X	Y	Z	
	Ö				Ä		Ü	
	ß							

Um Ihre eigene Ausdruckszahl zu errechnen, führen Sie die folgenden Schritte durch:

1. Schreiben Sie Ihren vollständigen Wohlfühlnamen auf einen Zettel auf.

2. Markieren Sie nun alle Konsonanten in diesem Namen. Konsonanten sind die sogenannten Mitlaute, also all die Buchstaben des Alphabets, die keine Vokale (A, E, I, O, U) sind. Ordnen Sie nun jedem einzelnen Konsonanten seine Zahl zu. Nutzen Sie dafür die Tabelle oben.

3. Setzen Sie zwischen jede Zahl ein Pluszeichen (+). Bilden Sie die Quersumme, indem Sie die Rechnung lösen und die Zahlen miteinander addieren.

Sollten Sie ein zweistelliges Ergebnis erhalten, bilden Sie so oft die Quersumme, bis das Endergebnis einstellig ist. Dies ist Ihre Ausdruckszahl.

4. Prüfen Sie erneut Ihre Rechnung auf mögliche Fehler, die das Ergebnis verfälschen. So gehen Sie sicher, dass Sie auch wirklich Ihre korrekte Ausdruckszahl ermittelt haben.

Zum besseren Verständnis wird das Prinzip Schritt für Schritt in Form eines Beispiels verdeutlicht. Für unser Beispiel „Max Michael Mustermann", der am liebsten einfach nur „Max" genannt werden möchte, ergibt sich bei der Ermittlung der Ausdruckszahl folgende Berechnung:

1. Wohlfühlname: Max

2. M a x (Konsonanten: M und X)

4 6

3. 4 + 6 = 10

1 + 0 = 1

Ausdruckszahl: **1**

Die Bedeutungen der Ausdruckszahlen

Ausdruckszahl 1: Ausdruck durch Zielstrebigkeit

Diese Zahl bedeutet, dass Zielstrebigkeit und Ehrgeiz zu den Stärken der Menschen mit der Ausdruckszahl 1 gehören, die ihr Umfeld begeistern. Im außen wirken sie sehr kommunikativ, wegweisend und führend, wobei sie mit einzigartiger Ausdrucksstärke zu überzeugen wissen. Gleichzeitig sollten diese Menschen wissen, dass Aggressivität und egoistisches Verhalten stark blockierend auf ihre persönliche Entwicklung und ihr Verhältnis zu ihrem Umfeld wirken. Übermäßige Sturheit und Eigensinnigkeit stehen nicht nur erfolgreichen zwischenmenschlichen Beziehungen im Weg, sondern auch dem authentischen Selbstausdruck.

Ausdruckszahl 2: Ausdruck durch Empathie

Menschen mit der Ausdruckszahl 2 sollten ihre kooperativen, rücksichtsvollen und intuitiven Fähigkeiten fördern, denn diese sind jene Eigenschaften, die ihren Selbstausdruck fördern. Ihre Unsicherheit hingegen verleitet sie dazu, sich selbst zurückzunehmen, passiv und beeinflussbar zu werden. Sie verwehren sich auf diese Weise jedoch selbst, ihr wahres und authentisches Ich so zu zeigen, wie es ist.

Ausdruckszahl 3: Ausdruck durch Kreativität

Der Selbstausdruck von Menschen mit der Ausdruckszahl 3 geschieht über die Ebene der Kreativität. Sie müssen ihrem Einfallsreichtum und ihrer Originalität freien Lauf lassen können, um sich nicht selbst zu blockieren. Wenn sie ihr wahres Ich herauslassen, werden auch die kreativen Energien fließen, die ihnen einen authentischen Selbstausdruck ermöglichen, egal, in welchem Bereich des Lebens.

Ausdruckszahl 4: Ausdruck durch Organisation

Menschen mit der Ausdruckszahl 4 zeigen sich stets mit Struktur und Ordnung. Auch wenn das für einige Mitmenschen unverständlich ist, so sind diese klaren, systematischen Muster die Art und Weise, wie Menschen dieser Gruppe denken. Wenn sie ihre Neigung zum Urteilen und Starrsinn annehmen und transformieren, so wird es ihnen möglich sein, ihr wahres Selbst mit all seinen Facetten zum Ausdruck zu bringen.

Ausdruckszahl 5: Ausdruck durch Freiheit

Ihren Selbstausdruck finden Menschen mit der Ausdruckszahl 5 in allen Bereichen, in denen sie sich vollkommen frei, ungebunden und leidenschaftlich zeigen können. Dieser Gruppe ist es sehr wichtig, diese starken Bedürfnisse ausleben zu können, ansonsten können ihre Schöpferenergien und Gaben nicht frei fließen. Fühlen sie sich bedrängt, zu etwas gezwungen oder am falschen Ort zur falschen Zeit, blockiert dies jegliche Energien und damit den Selbstausdruck.

Ausdruckszahl 6: Ausdruck durch Harmonie

Menschen mit der Ausdruckszahl 6 benötigen einen gewissen Grundtonus in ihrem Leben – die Harmonie. Sie sind stets darauf bedacht, das Gleichgewicht herzustellen und ein harmonisches Miteinander zu ermöglichen, denn erst dann können sie sich entspannen und ihre Gaben ausleben. Unter Stress und Angst sowie ein übermäßiger Perfektionismus und Selbstzufriedenheit blockieren ihr wahres Wesen, das vielmehr an dem Wohl der anderen orientiert ist als an dem eigenen Ego. Wollen Menschen mit der Ausdruckszahl 6 ihr Selbst frei ausdrücken, sollten sie sich mit ihren Schwächen auseinandersetzen.

Ausdruckszahl 7: Ausdruck durch Bewusstsein

Eigenschaften wie Sensibilität und Wissbegierde sowie die Neigung zur Spiritualität vereinen sich in Menschen mit der Ausdruckszahl 7 zu ihrem stark ausgeprägten Bewusstsein. Diese Veranlagung ist besonders häufig in ihnen präsent, weshalb häufig kein Selbstausdruck ohne die Berücksichtigung der spirituellen Ebene möglich ist. Menschen, die dieser Gruppe zugeordnet werden können, neigen zwar dazu, sich zu isolieren und in Stille über ihre Erkenntnisse zu grübeln, doch ihre wahre Stärke kommt erst zum Tragen, wenn sie ihr Wissen mit anderen Menschen in selbstloser statt arroganter Manier teilen.

Ausdruckszahl 8: Ausdruck durch Logik

Der Selbstausdruck dieser Gruppe basiert auf logischem, strategischem und pragmatischem Denken. Menschen mit der Ausdruckszahl 8 finden vornehmlich ihr authentisches Selbst in klaren, materialistischen Strukturen. Wenn es ihnen gelingt, die stark blockierenden Eigenschaften, wie Dominanz, Schadenfreude, Intoleranz und Unberechenbarkeit, zu transformieren, so sind diese Menschen dafür geschaffen, ihren Selbstausdruck innerhalb einer autoritären Position zu finden. Doch dafür müssen sie ihre Motive, ihre Ideale, Gerechtigkeit wie auch Menschlichkeit miteinander vereinigen. Wenn die Basis stimmt, werden gewaltige Kräfte und innere Stärke freigesetzt, die einen imposanten Ausdruck des wahren Selbst ermöglichen.

Ausdruckszahl 9: Ausdruck durch Menschlichkeit

Menschen mit der Ausdruckszahl 9 finden ihr wahres Ich, wenn sie mit anderen Menschen zusammenarbeiten. Dann blühen sie wahrlich auf, denn ihre positiven Eigenschaften, wie ihre Menschlichkeit und Natürlichkeit, sowie ihre soziale Ader kommen zum Vorschein. Für einen authentischen Selbstausdruck müssen sie geerdet sein, sich also in ihrer Mitte befinden. Sollten Menschen mit der Ausdruckszahl 9 hingegen aufgewühlt, aufgebracht oder stark emotional sein, blockiert dies ihre persönliche Entfaltung. Ebenso Eitelkeit und Arroganz mindern das großartige Potenzial, das in ihnen steckt.

Numerologie und Beziehungen

KOMPATIBILITÄT UND ZAHLENKOMBINATIONEN

Jede einzelne Beziehung zwischen zwei Menschen ist etwas ganz Besonderes und Einmaliges auf dieser Erde. Keine Partnerschaft ist wie eine zweite, denn die Faktoren, die diese bestimmen, sind genauso individuell, wie es der Mensch an sich ist. Es sind nicht nur die grundlegenden Charaktereigenschaften, die die Partner ausmachen, sondern dazu zählen ebenso äußere Faktoren, wie das Umfeld, die Erziehung, die Genetik und die Lebenserfahrung. Diese Aspekte der beiden Partner fügen sich zu einem neuen Bild zusammen, das die Beziehung zwischen den beiden zeigt. Dementsprechend gibt es unzählige Kombinationen von Charaktereigenschaften, welche mehr oder weniger miteinander harmonieren. Wichtig ist es, klarzustellen, dass sich Beziehungen, von denen in diesem Kapitel gesprochen wird, nicht nur auf die zwischen zwei Liebenden beschränken. Gemeint sind alle zwischenmenschlichen Beziehungen – ob privat oder beruflich –, also beispielsweise auch die zwischen zwei Freunden, die zur eigenen Mutter, dem Arbeitgeber oder dem eigenen Kind.

Manche Beziehungen sind von intensiver Harmonie und Ehrlichkeit geprägt, während andere wiederum von vornherein von großen Ungereimtheiten und Problemen belastet sind. Jeder kennt das aus seinem eigenen Leben:

Mit gewissen Menschen versteht man sich von der ersten Sekunde an blendend und die Verbindung zueinander besteht von Anfang an, als würde man sich schon ewig kennen. Doch dann begegnet man immer wieder Menschen, die man vielleicht sogar schon jahrelang kennt, und trotzdem scheint es einfach nicht zu gelingen, eine Beziehung zu diesen aufzubauen, als sei es nicht vorherbestimmt.

Es ist völlig normal, dass gewisse Charaktere einfach nicht zueinander passen und sich andere wiederum hervorragend ergänzen. Die Numerologie ist nur eine Art Anzeige, die den Grad der Kompatibilität zwischen zwei Menschen wiedergibt. Sie fasst genau die Probleme und Herausforderungen, aber auch die Besonderheiten und das Potenzial einer Beziehung zusammen, die vorherrschend sind. Sie gibt die Dynamik zwischen zwei vereinten Menschen wieder, in negativer wie auch positiver Entwicklung. Die Grundlage der Berechnung des numerologischen Zahlenwertes einer Beziehung basiert auf der Kombination der Lebenszahlen, die die jeweiligen Partner besitzen. Dadurch lässt die Zahlensymbolik die wichtigen Eigenschaften beider Parteien in die Deutung mit einfließen, um eine Analyse durchzuführen, die auf den zentralen Aspekten der beteiligten Menschen basiert.

DIE BEZIEHUNGSZAHL

So können wir mithilfe der Beziehungszahl ermitteln, ob zwei Menschen füreinander bestimmt sind und die Partnerschaft sie beidseitig bereichert oder ob es eventuell besondere Hürden zu bewältigen gibt.

Die Beziehungszahl gibt Aufschluss darüber, welche Themen innerhalb eines bestimmten zwischenmenschlichen Verhältnisses besonders präsent sind. Vielleicht kennen Sie das aus Ihrem eigenen Leben, dass Sie mit einem bestimmten Menschen scheinbar immer wieder das gleiche Problem zu bewältigen haben, manchmal zeigt es sich nur in anderen Farben und Formen.

In einigen Beziehungen ist zum Beispiel das Thema Vertrauen und Misstrauen sehr präsent. Dieses wird sich in allen Lebensbereichen, die die jeweiligen Partner teilen, manifestieren. Das könnte sich einerseits in der Neigung zum Fremdgehen in einer Liebesbeziehung offenbaren oder ganz allgemein durch kleinere und größere Vertrauensmissbräuche durch eine oder gar beide Seiten. Die Herausforderung dieser beispielhaften Beziehung wäre, sich dem Thema Vertrauen zu widmen und eine gemeinsame stabile Vertrauensbasis zu etablieren, um die Partnerschaft langfristig zu erhalten. Die Numerologie verschafft dabei die nötige Klarheit: Die Berechnung der Beziehungszahl in diesem Fall würde nur bestätigen, dass dieses Thema besonders präsent ist und dass der Umgang mit diesem über den Erfolg oder Misserfolg der Beziehung entscheiden kann.

Wie alles andere im Leben, hat auch die Verbindung zwischen zwei Menschen eine Bedeutung. Die Bestimmung und Begabungen im Leben beschränken sich nicht nur auf die einzelnen Personen, denn auch jede Beziehung besitzt eben diese speziellen Fähigkeiten und Gaben. Haben Sie es schon selbst erlebt, wenn Sie mit einem wichtigen Freund gemeinsam Zeit verbringen, dass Sie besonders kreativ, emotional oder lebensfroh sind? Manche Menschen triggern in uns besondere Eigenschaften, sodass es vorkommen kann, dass wir andere Aspekte an uns wahrnehmen, die wir so vielleicht gar nicht von uns kennen. Andere Persönlichkeiten sind dazu in der Lage, einzelne oder mehrere Seiten an uns zu verstärken, wenn sie in unserer Nähe sind.

So gibt es beispielsweise jemanden, mit dem Sie den ganzen Tag einfach nur herzlich lachen können und Scherze reißen. Alles scheint leicht und unkompliziert, während Sie Zeit innerhalb dieser humorvollen Beziehung verbringen.

Andererseits kommen immer wieder zwischenmenschliche Verbindungen zustande, die sich als besonders produktiv herausstellen. Sie erleben sich plötzlich als ein Visionär mit großen Zielen, die Sie mit Ihrem Partner planen. Ihr Gegenüber scheint rein zufällig genau der Richtige zu sein, mit dem man ebendiese großen Vorhaben umsetzen kann.

Wie Sie sehen können, beinhaltet jede Beziehung besondere Eigenschaften, die sie auszeichnen und die sich zu einem großen Potenzial vereinen. Lassen Sie uns nun herausfinden, wie Sie Ihre eigene Beziehungszahl ermitteln können und welche Informationen und Erkenntnisse sich hinter dieser befinden. Erkunden Sie, welche Geheimnisse und Gaben sich hinter Ihrem persönlichen Sozialleben verbergen.

Das Ermitteln der Beziehungszahl

Da in einer zwischenmenschlichen Beziehung immer zwei Parteien beteiligt sind, werden die Geburtsdaten von beiden benötigt, um die Beziehungszahl zu berechnen. So können die Schwingungen der Partner gleichsam in den numerologischen Zahlenwert einfließen, was letztendlich eine Ziffer ergibt, die die Aspekte beider Menschen widerspiegelt. Um Ihre eigene Beziehungszahl zu errechnen, führen Sie die folgenden Schritte durch:

1. Schreiben Sie Ihr eigenes Geburtsdatum sowie das Ihres Partners auf.
2. Bilden Sie anhand dessen die Lebenszahlen für sich und Ihren Partner gemäß der Schritt-für-Schritt-Anleitung im Kapitel ‚Lebenszahlen'.
3. Wenn Sie die Quersummen gebildet haben, erhalten Sie ein einstelliges Endergebnis: die Lebenszahlen. Rechnen Sie diese nun zusammen, indem Sie zwischen jede Zahl ein Pluszeichen (+) setzen und die Summe berechnen. Bilden Sie die Quersumme, indem Sie die Rechnung lösen und die Zahlen miteinander addieren.

Wenn das Ergebnis 12 oder geringer beträgt, ist die Ermittlung der Beziehungszahl abgeschlossen.

Sollten Sie ein zweistelliges Ergebnis erhalten, das 13 oder mehr beträgt, bilden Sie wiederholt die Quersumme, bis das Endergebnis einstellig ist. Dies ist Ihre Beziehungszahl.

4. Prüfen Sie erneut Ihre Rechnung auf mögliche Fehler, die das Ergebnis verfälschen. So gehen Sie sicher, dass Sie auch wirklich Ihre korrekte Beziehungszahl ermittelt haben.

Zum besseren Verständnis wird das Prinzip Schritt für Schritt in Form eines Beispiels verdeutlicht. Für unser Beispiel „Max Michael Mustermann", der am 19.06.1987 geboren wurde und eine Liebesbeziehung zu einer Dame mit dem Geburtsdatum 05.11.1990 führt, ergibt sich bei der Ermittlung der Beziehungszahl folgende Berechnung:

1. 19.06.1987
05.11.1990

2. Lebenszahlen: 41 / **5** und 26 / **8** (Berechnung erfolgte gemäß der Anleitung im Kapitel ‚Lebenszahlen')

3. Relevant sind nur die Endzahlen:
5 + 8 = 13
1 + 3 = 4

Die Bedeutungen der Beziehungszahlen

Beziehungszahl 1:

Die Zahl 1 existiert als Partnerzahl nicht, da beim Addieren von zwei Ziffern die Summe nur größer gleich 2 sein kann.
Beispiel: Lebenszahlen 37 (=10) / 10 / 1 und 19 (=10) / 10 / 1:
1 + 1 = Beziehungszahl 2

Die Zahl 1 kommt lediglich in den Beziehungszahlen 10, 11 und 12 vor. Das ist auch der Grund, warum bei diesen drei zweistelligen Ziffern bei der Ermittlung der Beziehungszahl eine Ausnahme gemacht wird, indem sie eben nicht durch die Bildung der Quersumme auf eine Stelle reduziert werden.

Beziehungszahl 2: Zusammenarbeit durch Ausgeglichenheit

Die **Stärken** der Beziehungszahl 2 liegen in gegenseitiger Unterstützung, im Vermitteln von Sicherheit sowie in Treue. Partner mit dieser Verbindung helfen einander in beruflichen wie auch privaten und familiären Belangen und sie ergänzen sich hervorragend. Die Ebene des Denkens und die des Fühlens sind meist ausgeglichen und harmonieren miteinander.

Die **Schwächen** einer Partnerschaft mit der Zahl 2 liegen hingegen in emotionaler Verschlossenheit, dem Abwehren der Unterstützung des anderen, in Unausgewogenheit oder in einer Disharmonie zwischen dem Verstand des einen Partners und dem Gefühl des anderen. Eine weitere negative Seite ist das Fehlen eindeutiger Grenzen und klar definierter Bereiche der Verantwortung. Möglicherweise treten Probleme wie Abhängigkeiten, Übereifer und Enttäuschungen auf.

Beziehungszahl 3: Feingefühl und Selbstausdruck

Beziehungen mit dieser Zahl können durch **Stärken** wie einen klaren Selbstausdruck, Ehrlichkeit und Herzlichkeit bestimmt sein. Meist bauen die Partner eine enge Verbindung zueinander auf, die auf Empathie, Kommunikation und Einfühlsamkeit aufbaut.Die **Schwächen** der Beziehungszahl 3 könnten auftreten, wenn die Erwartungen zu groß sind, nicht genügend gegeben wird und wenn Selbstmitleid oder Depressionen Überhand nehmen. Wenn die Partner ihre ehrlichen Gefühle nicht mitteilen oder überempfindlich reagieren, kann das zu Problemen innerhalb der Beziehung führen.

Beziehungszahl 4: Stabilität und Vision

Die **Stärken** der Beziehungszahl 4 liegen eindeutig in ihrer Fähigkeit, eine stabile Basis für ihre Partnerschaft aufzubauen, auf der besonders gut eine Familie oder gar ein Unternehmen gegründet werden kann. Ehrlichkeit ist eine dominante Eigenschaft, die es ermöglicht, gemeinsame Visionen zu formulieren und zu realisieren. Die Verbindung zwischen den Partnern ist grundsätzlich vertraut und familiär, auch wenn sie nicht verwandt sind.

Wenn übermäßige Verantwortungen, große Verpflichtungen und Streit vorherrschen, so leidet die Beziehung unter diesen **Schwächen**. Zudem wirken sich unrealistische Visionen, wirre Vorhaben, Sturheit, Widersprüche und Unsicherheit in Form von Stress und Frustration belastend auf die Partnerschaft aus.

Beziehungszahl 5: Disziplin und Freiheit

Die Beziehungszahl 5 zählt Abenteuer, neue Erfahrungen und ein Miteinander zu ihren **Stärken**. Sie schätzen die gegenseitige Freiheit, wodurch die Verbindung zwischen den beiden Partnern nur noch enger wird.

Innere Konflikte, Ziellosigkeit, Abhängigkeits- und Unabhängigkeitsprobleme sowie Misstrauen, mangelnde Disziplin und fehlender Freiraum sind hingegen **Schwächen**, die die Beziehung leiden lassen.

Beziehungszahl 6: Akzeptanz und Klarheit

Die **Stärken** der Beziehungen, die der Beziehungszahl 6 zugeordnet werden können, liegen in ihrer Klarheit, in Wertschätzung, Optimismus und in gegenseitiger Anerkennung. Die Partner bringen in dem anderen das jeweilige Beste hervor, indem sie sich der persönlichen Entwicklung verpflichten und den anderen so akzeptieren, wie er ist. Wenn es ihnen gemeinsam gelingt, ihre Visionen umzusetzen, nährt es die Beziehung und es zeigt ihr, welche Möglichkeiten vorhanden sind.

Kritik und Enttäuschungen sind hingegen die **Schwächen** der Beziehungszahl 6. Wenn sich die Partner in Zweifeln, Idealen und Perfektionismus verzetteln, wirkt sich dies negativ auf die gemeinsame Verbindung aus, auch dann, wenn sie sich gegenseitig ständig verbessern wollen, kleinlich sind und verurteilen.

Beziehungszahl 7: Offenheit und Vertrauen

Vertrauen sowie Offenheit sind klare **Stärken** dieser Gruppe, genauso wie ihre Herzlichkeit, ihr Verständnis, gegenseitige Ermutigungen und die Unterstützung beim persönlichen Wachstum. Die Partner richten sich meist auf die Entwicklung der gemeinsamen Beziehung aus.

Wenn allerdings Misstrauen vorherrscht, so wird die **Schwäche** der Beziehungszahl 7 deutlich. Dies kann durch emotionale Verletzungen, Missverständnisse, Ängste, Scham und Unehrlichkeit entstehen.

Beziehungszahl 8: Autorität und Wohlwollen

Die **Stärken** der Beziehungszahl 8 konzentrieren sich auf ein harmonisches Nehmen und Geben sowie auf eine ausgeglichene Verteilung der Macht, die beiden Parteien dienlich ist. So ist eine Beziehung möglich, die innig und verbunden ist, aber ohne Zwang gehalten werden kann.

Die **Schwächen** dieser Gruppe beziehen sich auf Kontrolle und auf den Missbrauch von Macht und Autorität. Wenn Konflikte aufgrund von angezweifelten Kompetenzen, Meinungsverschiedenheiten, Geldmangel und Opportunismus entstehen, leidet die Beziehung darunter stark.

Beziehungszahl 9: Weisheit und Integrität

Mitgefühl, Toleranz und Integrität sind die **Stärken** der Beziehung mit der Partnerzahl 9. Die Menschen, die eine solche Verbindung eingehen, können den anderen mit all seinen Aspekten annehmen und sie schätzen sowie achten die Unterschiede.

Schwächen wie Einsamkeit, Abgeschiedenheit und Entfremdung hingegen belasten eine Partnerschaft, die dieser Gruppe zugeordnet werden kann. Oft haben die Betroffenen das Gefühl, nicht miteinander, aber auch nicht ohneeinander leben zu können. Zudem kann es vorkommen, dass die Meinungen so unterschiedlich sind, dass sie in einen Konflikt miteinander geraten.

Beziehungszahl 10: Vertrautheit und Kreativität

Die **Stärken** dieser Beziehungen liegen in der engen Verbundenheit zueinander, die einen geschwisterlichen Charakter hat. Mit geteilter Leidenschaft genießen die Partner es, Kreativität und Hilfsbereitschaft auszuleben.
Streitigkeiten, verletzte Gefühle, Gereiztheit, Unsicherheit und Konkurrenzdenken sind jene **Schwächen** dieser Beziehungszahl, die die enge Verbundenheit stören. Die verborgene Feinfühligkeit und mangelnde Offenheit können dazu führen, dass Süchte aufgrund von Stress entstehen.

Beziehungszahl 11: Verstärkte Kreativität

Die doppelte 1 in dieser Beziehungszahl verdeutlicht ihre **Stärke**: die enorme Kreativität. Diese Partnerschaften strotzen nur so vor Schöpferkraft und gemeinsam können diese Menschen wirklich alles erreichen, was sie sich vornehmen. Ihre Energie löst eine magnetische Anziehungskraft aus, die sich nicht ausschließlich sexuell zeigen muss, welche konstruktiv genutzt werden sollte, um die gewünschten Erfolge hervorzubringen.

Da die Quersumme der Beziehungszahl 11 2 ergibt, muss darauf hingewiesen werden, dass die Eigenschaften Ausgewogenheit und Zusammenarbeit berücksichtigt werden müssen, damit sie sich nicht zu einer **Schwäche** der Beziehung entwickeln. Ist zudem die Schöpferenergie blockiert oder wird sie fehlgeleitet, kann dies in gemeinsamen Süchten oder gar körperlicher Gewalt resultieren. Manche Partner, die dieser Gruppe zugeordnet werden können, leben eine typische Hassliebe-Beziehung aus, die von Unsicherheit und teilweise intensiv ausgelebter Sexualität bestimmt wird.

Beziehungszahl 12: Kreativität und Zusammenarbeit

Beziehungen mit der Partnerzahl 12 finden ihre **Stärken** in Produktivität und Teamarbeit. Es gelingt ihnen erfolgreich, gemeinsam und sich ergänzend an einem Projekt zu arbeiten, dabei richten sie sich stets darauf aus, was für die Beziehung am besten ist, statt auf Rechthaberei oder Sturheit. Die Quersumme dieser Beziehungszahl ergibt 3, was darauf schließen lässt, dass eine erfolgreiche Partnerschaft ebenso den eigenen authentischen Selbstausdruck ermöglicht.

Wenn die Beziehung allerdings von Egoismus, Konflikten und energetischen Blockaden dominiert wird, treten die **Schwächen** zu Tage. Diese trennen die Partner voneinander, denn sie neigen dazu, ständig zu streiten und sich festzufahren, wenn sie das Gefühl haben, nicht weiterzukommen. Ein Selbstausdruck ist dann nicht möglich, bevor keine Einigung geschehen ist

DAS LEITBILD DER BEZIEHUNG

Ein Leitbild ist eine Art Wegweiser, der den persönlichen Zweck, die Absicht und die Werte vereint, mit denen man etwas erreichen will. Es dient der Orientierung und der Motivierung des Vorhabens.

Auf eine Beziehung übertragen bedeutet dies, dass das Leitbild wiedergibt, welchen Kurs die gemeinsame Partnerschaft einschlagen soll. Es geht darum, gemeinsam eine Vision zu kreieren, die langfristig die Ziele der Partnerschaft widerspiegelt. Das Leitbild vereinigt unter anderem folgende Fragen:

1. Welche Beziehung wollen wir zueinander pflegen und welche Rollen spielen wir dabei?

2. Welche Werte sind uns besonders wichtig und welche Dinge wollen wir nicht mehr in unserem Leben?

3. Was ist nötig, damit wir offen miteinander reden können und uns authentisch zeigen?

4. Wie stellen wir uns die optimale Atmosphäre zwischen uns vor und wie können wir diese realisieren?

5. Was schätzen wir an unserem Partner und welche Eigenschaften vermitteln uns ganz besonders das Gefühl der Geborgenheit und des Verstandenwerdens?

6. Welche Talente besitzen wir gemeinsam und wie können wir unsere Gaben für unsere Ziele benutzen?

7. Welche Dinge fördern unsere persönliche Verbindung zueinander?

8. Wie können wir uns gegenseitig den Rücken stärken?

9. Wie gehen wir derzeit mit Herausforderungen um und wie wollen wir das in Zukunft gestalten?

10. Welche gemeinsamen Pläne haben wir und wie können sie umgesetzt werden?

11. Was sind unsere Vorbilder und wie gelingt es uns, ihre inspirierenden und erstrebenswerten Eigenschaften in unserer eigenen Beziehung zu integrieren?

Ein individuelles Leitbild zu erstellen, das genau auf Sie und Ihren Partner zugeschnitten ist, kann dabei helfen, dass Sie Ihren zentralen roten Faden nicht verlieren. Es ist ein Wegweiser, der Sie immer wieder an die richtige Richtung erinnert, auch wenn Sie Ihr Ziel noch längst nicht erreicht haben. Hier kommt die Numerologie in Form der Beziehungszahl ins Spiel, denn diese bringt noch einmal auf den Punkt, welche Themen unbedingt in dem Leitfaden enthalten sein sollten. Das gibt Ihnen einen Ansatz, mit dem Sie Ihr eigenes Leitbild erstellen können. Weiter oben wurde eine Beziehung zwischen zwei Persönlichkeiten beschrieben, die die besondere Herausforderung des Vertrauens haben. Ein gutes Leitbild für dieses Beispiel könnte unter anderem beinhalten, stets respektvoll miteinander umzugehen, indem eine stabile Vertrauensbasis aufgebaut wird. Durch Ehrlichkeit und Authentizität wird ebendiese aufgebaut und die Beziehung gepflegt. Ein eigenes Leitbild zu erstellen, kann ein wunderbar kreativer und bereichernder Prozess sein. Wichtig, zu wissen, ist es, dass hier nicht nur das fertige Endprodukt zählt, sondern vor allem die gemeinsame Zeit, die man mit Überlegen, Erforschen und Erstellen von diesem verbringt. Es erfordert gegenseitiges Vertrauen, sich so weit zu öffnen, dass man dem Partner seine persönlichen Ziele und Werte offenbaren kann. Ebenso muss man gut zuhören können. Schlussendlich erfordert es Geduld und Respekt, einen gemeinsamen Konsens zu finden, der letztendlich beide Seiten gleichmäßig widerspiegelt. Das fertige Leitbild soll schließlich das Produkt von beiden Partnern sein und deren Gedankengänge zu gleichen Teilen repräsentieren.

STÄRKEN UND SCHWÄCHEN DER BEZIEHUNG ERMITTELN

Die persönlichen Stärken und Schwächen zu bestimmen, ist ein Bereich der Erstellung eines gemeinsamen Leitbildes für die Beziehung. Die Dinge, die besonders gut laufen und die leicht von der Hand gehen, werden in diesem Prozess automatisch angesprochen, ebenso wie die Probleme und Herausforderungen, die immer wieder auftauchen und gelöst werden wollen. Dass es positive sowie negative Seiten von allem gibt, das existiert, schließt eine Beziehung nicht aus – das wissen wir bereits. Doch das Geheimnis liegt darin, dieses Wissen für uns zu nutzen. Sie fragen sich bestimmt, wie es gut sein soll, die unangenehmen Facetten der Partnerschaft auszugraben und über diese Probleme zu sprechen. Schließlich wäre es doch viel leichter, die Dinge unter den Teppich zu kehren und erst einmal zu ignorieren, solange es eben geht. Doch ist dies wirklich die Basis, auf der Sie eine vertrauenswürdige, ehrliche und authentische Verbindung zu einem anderen Menschen aufbauen wollen? Glauben Sie, dass es möglich ist, eine langfristig erfolgreiche, innige Beziehung zu führen, die jedoch nie gelernt hat, mit Herausforderungen umzugehen?

Um eine tiefe Partnerschaft zu einem anderen Menschen aufzubauen, ob liebend, freundschaftlich, geschäftlich oder familiär, ist es wichtig, nicht nur sich selbst mit seinen Stärken und Schwächen anzunehmen, sondern auch das Gegenüber. Ebenso ist es unvermeidlich, dass eine Beziehung aus ebendiesen positiven wie negativen Facetten besteht, die akzeptiert werden wollen. Einerseits können Sie so nicht nur lernen, Probleme konstruktiv zu lösen, statt sie zu verdrängen. Andererseits können Sie die Schwächen der Gemeinschaft in etwas transformieren, dass Sie Ihren gemeinsamen Zielen näherbringt.

Um die Stärken und Schwächen der Beziehung zu ermitteln, müssen Sie sich zunächst bewusst werden, wie die Partnerschaft momentan aussieht. Gewinnen Sie Klarheit darüber, wie Sie miteinander umgehen, ob Sie sich respektieren beziehungsweise ob Sie überhaupt offen über Ihre Gedanken, Gefühle und Bedürfnisse sprechen können. Ohne dieses grundlegende Wissen, das durch offene Kommunikation gewonnen wird, ist es nicht möglich, zu erkennen, woran man überhaupt arbeiten muss für eine erfolgreiche Beziehung.

Ohneeinander zu vertrauen, also ohne die innere Welt des Gegenübers zu kennen, können Sie keinen weiteren Entwicklungsschritt machen.

Arbeiten Sie daran, gemeinsam Lösungen für Ihre Probleme zu finden. Dieser Austausch bringt Sie nicht nur näher zusammen, zudem wechseln Sie Ihre Aufmerksamkeit von den Schwächen hin zu einem lösungsorientierten Denken. Wenn Sie zum Beispiel ein Vertrauensproblem innerhalb der Beziehung identifiziert haben, so scheint dies auf den ersten Blick als eine Schwäche. Doch die Erkenntnis, dass diese Herausforderung existiert, ist bereits der erste Schritt zur Transformation. Darüber zu sprechen, erfordert, sich zu öffnen, sodass die so entstandene Kommunikation sehr positiv zu werten ist. Es stärkt die gemeinsame Verbindung. Somit verhalf die ursprüngliche Schwäche Ihrer Beziehung Ihnen dazu, ein noch engeres Band zueinander aufzubauen, das spätere Belastungen, Herausforderungen und Aufgaben noch stärker und noch besser aushalten kann.

BEZIEHUNGEN ALS ENTWICKLUNGSAUFGABE

Jeder Mensch wird mit einer besonderen Lebensaufgabe geboren, einem Sinn für seine Existenz, und um diese zu erfüllen, wurden ihm spezielle Fähigkeiten und Gaben mitgegeben. Doch genauso sind in seinem Leben Herausforderungen und Aufgaben eingeplant – das alles dient der persönlichen Entwicklung und dem Wachstum dieses Menschen. Ohne die Schwierigkeiten wären wir niemals so weit gekommen, wir hätten es niemals so weit geschafft. Ohne Probleme, die es zu lösen gilt, hätten wir nie das Wissen erlangt, das wir für die Erfüllung unseres Lebenssinns benötigen.

Auch eine Beziehung ist mit Herausforderungen und Problemen gespickt. Nicht nur ihre Stärken sind erkennbar, sondern auch die Schwächen sind stets präsent. Zwischenmenschliche Verbindungen besitzen ähnlich wie der einzelne Mensch einen höheren Sinn, der die Existenz der Partnerschaft rechtfertigt. Ohne diese Entwicklungsaufgabe innerhalb jeder Beziehung gäbe es keinen Grund dafür, warum es sie geben sollte. Eine Partnerschaft ist kein Vertrag, der zwischen zwei Individuen beschlossen wird und ab dann linear verläuft. Vielmehr ist sie wie ein lebendiger Organismus, der immer wieder Höhen und Tiefen erlebt sowie gepflegt werden will. Ohne Aufmerksamkeit und Hingabe wird dieser Organismus eingehen. Überträgt man diesen Vergleich auf eine Beziehung, so wird deutlich, dass diese die Mitarbeit beider Parteien erfordert. Sie ist eine Entwicklungsaufgabe, das heißt, dass die Stärken und Schwächen, die guten wie auch die schlechten Zeiten dafür da sind, dass die beteiligten Persönlichkeiten daran gemeinsam wachsen können. Die Beziehungszahl 4 verrät zum Beispiel, dass die Partner stets an ihrem starrsinnigen Verhalten arbeiten sollten. Gelingt es ihnen, diese Herausforderungen in verschiedenen Lebenssituationen zu meistern, so werden sie mit einer stabilen Partnerschaft belohnt, die auf Ehrlichkeit, Großzügigkeit und Hilfsbereitschaft basiert. Beziehungen mit der Zahl 9 hingegen leiden häufig unter Einsamkeit und Egoismus. Doch das Lösen dieser Aufgaben wird mit einer Beziehung belohnt, die tiefe Verbundenheit, Mitgefühl und Toleranz ausdrückt.

Das Geheimnis besteht darin, anzuerkennen, dass eine Beziehung Arbeit erfordert – und zwar von beiden gleichermaßen. Die folgenden Fragen könnten für die jeweiligen Beziehungszahlen von entscheidender Bedeutung sein. Sie unterstützen dabei, die Partnerschaft als eine Entwicklungsaufgabe zu betrachten, und liefern einige Anreize zum Nachdenken.

Beziehungszahl	**Entscheidende Fragen**
1	-
2	Was sind unsere liebsten gemeinsamen Aktivitäten? Kennen wir die Bedürfnisse des anderen und sind sie gegenseitig ausgewogen? Wie können wir die Grenzen in den unterschiedlichen Lebensbereichen stecken und sind die Verantwortungen gerecht verteilt?
3	Wie können wir uns gegenseitig darin mitfühlend unterstützen, unsere Zweifel zu überwinden? Hören wir zu, wenn der andere spricht, und können wir offen, ehrlich und authentisch miteinander reden? Sprechen wir offen über unsere Empfindungen und Bedürfnisse?
4	Wie gelingt es uns Schritt für Schritt, unsere Beziehung weiterzuentwickeln? Wie können wir uns noch mehr gegenseitig unterstützen? Gelingt es uns immer, Denken und Fühlen auszugleichen?

5	Was sind unsere gemeinsamen Prioritäten und was ist uns besonders wichtig? Was mindert unsere Abenteuerlust? Was können wir füreinander tun, damit wir uns innerlich frei fühlen?
6	Was mögen wir an unserem Partner? Was ist unsere gemeinsame Vision? Was können wir tun, um unseren Partner so anzunehmen, wie er ist?
7	Gibt es etwas, dass wir dem Partner aus Scham oder Angst verschwiegen haben? Wie können wir uns gegenseitig bei unserem persönlichen Wachstum unterstützen? Wie können wir das Vertrauen zueinander stärken?
8	Mit welchen Eigenschaften können wir unsere Beziehung bereichern? Kontrollieren wir einander und welcher Grund verbirgt sich dahinter? Wie können wir das Gefühl des Wohlstandes innerhalb der Partnerschaft verstärken?
9	Versuchen wir, dem anderen unsere Meinung aufzuzwingen? Respektieren wir den anderen mit seinen Ansichten und würdigen wir das, was uns unterscheidet? Akzeptieren wir es, dass wir wissen, was das Beste für uns selbst ist, aber nicht immer, was das Beste für den anderen ist?
10	Was sind die Stärken unserer Beziehung, die wir allein nicht hätten? Teilen wir dem anderen mit, wenn wir verletzt oder leidenschaftlich sind? Geben wir dem anderen Partner Kraft?
11	Was ist es, das uns so an der Beziehung reizt? Wie können wir einen Streit in Liebe transformieren? Wann fördern wir uns gegenseitig und wann tun wir das Gegenteil?
12	Wie können wir den anderen in seinen Vorhaben unterstützen? In welchen Momenten gelingt uns die Zusammenarbeit am besten? Wie können wir Geben und Nehmen in eine ausgewogene, gesunde Harmonie bringen?

So kann geschlussfolgert werden, dass der Erfolg und die Dauer einer Beziehung ganz und gar nicht abhängig von der ihr zugeordneten numerologischen Zahl sind. Die Zahlensymbolik gibt lediglich die Tendenz wieder, zu der sich eine Partnerschaft hin entwickeln kann, doch das bedeutet nicht, dass das Schicksal der zwischenmenschlichen Beziehung in Stein gemeißelt ist. Vielmehr liegt es in den Händen der Beteiligten, inwiefern sie bereit sind, an sich selbst zu arbeiten, die Schwächen in Stärken zu transformieren und die vorhandene Dynamik positiv für sich zu nutzen.

BONUS

PERSÖNLICHKEITSENTWICKLUNG UND NUMEROLOGIE

Die Entwicklungsaufgabe meiner Seele bewältigen

Im Kapitel ‚Persönlichkeitsanalyse und Numerologie' konnten Sie bereits einiges über die Seelenzahl erfahren und möglicherweise haben Sie schon Ihre eigene Ziffer anhand Ihres Namens ermittelt. In diesem Bonusteil des Buches vertiefen wir das Wissen um die Seelenzahl, indem wir uns der Entwicklungsaufgabe der Seele genauer widmen. Die Seelenzahl gibt nicht nur wieder, was die eigene Wesensart ausmacht und welche Eigenschaften und Herausforderungen sie hat, sie verrät uns zudem etwas über unsere persönliche Entwicklungsaufgabe. Mit diesem bestimmten Thema wurden wir geboren, es ist also in gewisser Hinsicht unser Schicksal, dem wir im Laufe des Lebens auf den Grund gehen sollten. Immer wieder werden wir scheinbar mit dem gleichen Problem konfrontiert, und das so lange, bis wir in der Lage sind, dieses vollständig zu lösen und loszulassen. Im Vergleich zu anderen alltäglichen Herausforderungen hebt sich die Entwicklungsaufgabe der Seele ab, denn mit ihr ist das Schicksal eng verbunden.

Die Seele inkarniert sich in einen bestimmten menschlichen Körper, aus dem einen Grund, damit die Seelenaufgabe erfüllt werden kann. Gelingt es uns, unser persönliches Thema zu verarbeiten und aufzulösen, so wirkt dies wie ein Katalysator, der unser persönliches Wachstum auf eine ganz neue Ebene katapultiert – wir haben die zentrale Hürde unseres Lebens gemeistert.

Viele Menschen sind sich ihrer Seelenaufgabe nicht oder nur teilweise bewusst. Sie verbringen ein Leben, das sie teilweise als unfair und willkürlich bewerten würden, da sie nicht verstehen, warum ihnen scheinbar so ungerechte Dinge geschehen, auf die sie ihrer Ansicht nach absolut keinen Einfluss haben. Dabei ist es die eigene Seele, die über das Schicksal im übertragenen Sinn an die Tür klopft und um Aufmerksamkeit bittet. Sie erhofft sich davon, dass der menschliche Körper und der Geist aufwachen und endlich nach seinem tiefsten Wesen – seiner Seele – handelt. Wir neigen dazu, uns in der materialistischen Welt im Außen zu verlieren. Wir gehen einem stresserfüllten Leben nach, das tagein, tagaus mit dem Beruf, Verpflichtungen und diversen Beschäftigungen vollgestopft ist. So bleibt uns nur selten ein Moment zum tiefen Durchatmen, um einmal Pause zu drücken und Zeit im Hier und Jetzt zu verbringen.

Es ist mittlerweile ein seltenes Gefühl geworden, einfach nur zu sein, nichts zu tun, sondern nach innen zu lauschen und dem Ruf der inneren Stimme zu folgen. Die moderne Gesellschaft hat sich von dieser tiefen Verbundenheit zur eigenen Seele stark entfremdet. Doch nun ist die Zeit gekommen, sich diesem Umstand bewusst zu werden sowie den Zugang zur Intuition, dem Schicksal und der Entwicklungsaufgabe der Seele wiederherzustellen.

DIE EIGENE ENTWICKLUNGSAUFGABE ERKENNEN UND BEWÄLTIGEN – EINE 30-TAGE-KUR FÜR DIE SEELE

Sie möchten endlich herausfinden, was Ihnen Ihre Seele zu sagen hat? Möchten auch Sie wieder zu einem Leben finden, das Ihrer Lebensaufgabe entspricht? Mit den hier vorgestellten Übungen, Meditationen und Ritualen ist es möglich, Ihre Persönlichkeitsentwicklung in nur kurzer Zeit anzukurbeln – in 30 Tagen zur Entwicklungsaufgabe der Seele. Die verschiedenen Übungen sind auf die jeweilige Entwicklungsaufgabe der Seelen zugeschnitten, sodass Sie mit der Durchführung der Übungen den zentralen Themen Ihres Lebens auf den Grund gehen.

DER AUFBAU DER SEELEN-KUR

Auf den folgenden Seiten finden Sie zu jeder Seelenzahl jeweils einen Abschnitt, der diese Themen behandelt:
- Die zentrale Entwicklungsaufgabe
- Selbstreflexion
- Meditation
- Absichtserklärung

Damit Sie die Kur für die Seele möglichst effektiv nutzen, ist es empfehlenswert, dass Sie die vorgestellten Übungen, Meditationen und Rituale für einen Monat lang intensiv durchführen: so oft, wie Sie möchten, am besten jedoch jeden Tag.

Vor Beginn der Kur

Bevor Sie mit der Kur beginnen und die Übungen durchführen, nehmen Sie sich die Zeit und schreiben Sie zunächst auf, wie Sie sich momentan fühlen. Sind Sie zufrieden mit Ihrem Leben? Welche Probleme bereiten Ihnen derzeit am meisten Bauchschmerzen? Was macht Ihnen besonders Freude? Welche Herausforderungen treten immer wieder auf? Auf welche Lebensfragen hätten Sie gern eine Antwort? Notieren Sie ausführlich, wie Ihr Leben momentan aussieht, damit Sie am Ende der Kur einen Anhaltspunkt besitzen, mit dem Sie Ihre Empfindungen nach Abschluss der 30 Tage vergleichen können. So können Sie den Erfolg der hier vorgestellten Techniken einschätzen und mögliche Übungen identifizieren, die Sie weiterhin in Ihren Alltag integrieren möchten. Verwahren Sie nun Ihr beschriebenes Blatt an einem sicheren Ort, denn Sie werden es erst wieder am Ende des Monats benötigen.

Datum: ________________________________

Aktuelle Lebenslage:

____

Sind Sie zufrieden mit Ihrem Leben?

____

____

Welche Probleme bereiten Ihnen derzeit am meisten Bauchschmerzen?

____

____

Was macht Ihnen besonders Freude?

____

____

Welche Herausforderungen treten immer wieder auf?

____

____

Auf welche Lebensfragen hätten Sie gern eine Antwort?

____

____

Die zentrale Entwicklungsaufgabe

Jede Seele hat eine andere, ganz individuelle Entwicklungsaufgabe in ihrem irdischen Leben zu bewältigen. Grundsätzlich können jedoch die Entwicklungsaufgaben dank der Schwingungen, die sie aussenden, zusammengefasst und in Seelenzahlen unterteilt werden. Die zentralen Lernaufgaben der 9 numerologischen Ziffern geben an, welche Themen sich durch die Existenzen der Menschen ziehen und welche Herausforderungen es zu meistern gibt. Lesen Sie sich die Entwicklungsaufgabe Ihrer Seele genau durch und finden Sie heraus, was diese für Sie bedeutet. Widmen Sie einen Monat Ihrer Lebenszeit Ihrer Seele, indem Sie die Aufgabe ergründen und nach Lösungen suchen.

Eine Entwicklungsaufgabe ist kein Problem, das innerhalb weniger Tage auf einen Schlag gelöst wird. Hier gibt es keine Abkürzungen, Schummeleien oder bequeme Antworten. Die Herausforderung der Seele ist etwas, das Zeit benötigt, um bewältigt zu werden, damit die gewonnenen Erkenntnisse auch im Alltag erfolgreich integriert werden können. Es ist ein Prozess, der immer wieder Mut und Hingabe erfordert, doch es lohnt sich! Die Seelenaufgabe zu lösen, bedeutet einen Entwicklungsschub für Ihre Persönlichkeit, der durch nichts anderes ausgelöst werden kann.

Selbstreflexion

Die vorgeschlagenen Fragen, die Sie unter jeder Seelenzahl finden, dienen der Auseinandersetzung mit den Themen Ihrer Seele. Lesen Sie sich jeden einzelnen Satz gut durch und lassen Sie sich Zeit bei der Beantwortung dieser. Gern können Sie auch über die jeweilige Frage meditieren, um tiefere Einsichten zu erhalten. Erfahrungsgemäß ist es ratsam, dass Sie sich wirklich die Ruhe nehmen, um über die Sätze nachzudenken. Es kann vorkommen, dass Sie möglicherweise Schwierigkeiten haben, Antworten auf eine Frage zu formulieren, doch das bedeutet nicht, dass diese Frage keine Relevanz für Sie hat. Manche Themen benötigen einfach mehr Zeit und profitieren viel mehr davon, wenn Sie sie über mehrere Tage hinweg bedenken.

Schreiben Sie Ihre ersten Ansätze auf ein Blatt und legen Sie es an einen gut sichtbaren Platz in Ihrem Wohnraum. Immer, wenn Ihnen ein neuer Gedanke zu einer Frage einfällt, können Sie ihn so unkompliziert schriftlich festhalten. Zusätzlich werden Sie jedes Mal an die Fragen erinnert, wenn Sie am Zettel vorbeigehen. Bei der Übung der Selbstreflexion geht es darum, dass Sie sich mit Ihren Wünschen, Bedürfnissen, Wahrnehmungen, Dogmen und Verhaltensmustern auseinandersetzen. Je intensiver dies geschieht, desto mehr werden Sie in der Lage sein, Ihre Persönlichkeit zu ergründen. Ihnen wird plötzlich bewusst, warum Sie in bestimmten Situationen auf welche Art reagieren. Ebenso werden Sie Erkenntnisse darüber erhalten, was gewisse Empfindungen bei Ihnen auslösen und warum Sie sich manchmal so fühlen, wie Sie sich fühlen. Außerdem können Sie Ihre Antworten nutzen, um in Ihrem Leben bereichernde Veränderungen für mehr Wohlbefinden vorzunehmen.

Meditation

Die Meditation ist eine Übung, die Sie jeden Tag ausführen sollten, um den größtmöglichen Nutzen daraus ziehen zu können. Nehmen Sie sich so viel Zeit, wie Sie benötigen. Bevor Sie mit der Meditation beginnen, stellen Sie zunächst sicher, dass...

- ... Sie an einem ungestörten Ort sind, an dem Sie sich wohlfühlen. Sie müssen sich vollends entspannen können und loslassen, damit Sie in die Stille finden.
- ... Sie Ihr Handy ausstellen. Schließen Sie die Fenster, bitten Sie Ihre Mitbewohner darum, die nächsten Minuten nicht gestört zu werden, und vermeiden Sie so Störgeräusche.
- ... Sie sich setzen oder hinlegen, Hauptsache, Sie nehmen eine bequeme Körperhaltung ein, in der Sie für einige Zeit unbeschwert verbleiben können.
- ... Sie bequeme, lockere Kleidung tragen. Decken Sie sich gegebenenfalls mit einer Decke zu.

Wenn alle nötigen Vorbereitungen getroffen wurden, beginnen Sie mit der Meditation.

1. Schließen Sie Ihre Augen.
2. Atmen Sie beruhigend und langsam tief ein und aus. Nutzen Sie Ihre Atmung, um Ihre Gedanken zu beruhigen und sich auf die Stille zu konzentrieren.
3. Stellen Sie sich ein warmes, reinigendes Licht vor, das mit jedem Einatmen in Ihren Körper strömt. Atmen Sie Gesundheit, Leichtigkeit und Energie ein.
4. Mit jedem Ausatmen lassen Sie Altes los: Alles, was Sie daran hindert, Ihr volles Potenzial auszuschöpfen und Sie selbst zu sein, verlässt Ihren Körper.
5. Verbringen Sie einige Minuten in dieser Visualisierung.
6. Wenn Sie so weit sind, lenken Sie Ihre Aufmerksamkeit auf Ihre Entwicklungsaufgabe. Stellen Sie sich detailliert vor, wie Ihr Leben aussehen würde, wenn Sie die Herausforderung Ihrer Seele bereits gemeistert hätten.
7. Vertiefen Sie sich in die positiven Gefühle, die Sie dabei wahrnehmen. Spüren Sie jede Nuance, die Ihren Körper mit lebendiger, angenehmer Energie durchströmt. Nehmen Sie wahr, wie die positiven Empfindungen Ihren Körper heilen und ihn mit Kraft versorgen. Bemerken Sie, wie Ihre Energiereserven wieder aufgefüllt werden.
8. Schwelgen Sie so lange, wie Sie möchten, in diesem Bad der positiven Gefühle.
9. Wenn Sie die Meditation beenden möchten, kommen Sie ganz langsam wieder zurück in Ihren Körper. Nehmen Sie sich Zeit für den Ausklang, indem Sie die Augen noch geschlossen halten. Bewegen Sie sanft Ihre Finger und Zehen. Wenn Sie bereit sind, strecken Sie die Arme und dehnen Sie sich genüsslich.
10. Schenken Sie sich ein Lächeln, danken Sie sich für die kleine heilsame Auszeit, die Sie sich in Form der Meditation gegönnt haben, und öffnen Sie langsam Ihre Augen.
11. Tragen Sie die Positivität mit in Ihren Alltag.

Absichtserklärung

Die Absichtserklärung ist ein Ritual, das Sie im Laufe der 30 Tage vorbereiten und zum Abschluss der Kur durchführen. Das Ziel dieser Erklärung ist es, eine eindeutige Intention für Ihr Handeln zu formulieren und außerdem Klarheit zu gewinnen, was Sie in Ihrem Leben erreichen wollen.

1. Nehmen Sie sich am Anfang der Seelen-Kur einen Zettel, auf dem Sie notieren, was Sie Positives in Ihr Leben ziehen wollen. Beantworten Sie die folgenden Fragen:

Was erfüllt Sie mit Glück und Lebensfreude?

Was ist es, was Sie in Ihrem Leben erreichen möchten?

Was wollen Sie bewirken?

Was brauchen Sie, damit es Ihnen rundum gut geht?

Welche Veränderungen müssen in Ihrem Leben eintreten, damit der positive Wandel geschehen kann?

Welcher Mensch möchten Sie sein?

Beachten Sie bei der Beantwortung die Verwendung der richtigen Wörter:

Schreiben Sie nur auf, was Sie wollen.

Beispiel: „Ich bin mutig und meistere Herausforderungen mit Leichtigkeit"

Schreiben Sie nichts auf, was Sie nicht wollen.

Formulieren Sie es so, als wenn es schon geschehen wäre.

Beispiel: „Ich bin mutig" statt „Ich werde mutig sein"

Verzichten Sie auf Negierungen und Wörter wie „vielleicht", „ein bisschen", „aber" oder „versuchen".

Beispiel: „Ich meistere Herausforderungen mit Leichtigkeit" statt „Ich versuche, weniger ängstlich zu sein, wenn ein Problem auftaucht, aber zuerst muss ich mutiger werden"

Bleiben Sie realistisch und glauben Sie an Ihre Worte.

Nehmen Sie die Empfindungen wahr, als wäre die Vision bereits eingetreten.

Spüren Sie Dankbarkeit für die Erfüllung Ihrer Wünsche.

2. Ergänzen Sie laufend Ihre Antworten über die nächsten 30 Tage, am besten jeden Tag. Kommen Sie immer wieder zurück auf die Fragen und versuchen Sie, ein möglichst genaues Bild von Ihren Wünschen zu erhalten. Verbringen Sie Zeit damit, sich diese positive Vision gedanklich vorzustellen und zu fühlen, als wenn sie bereits eingetreten ist.

3. Am letzten Tag der Kur bringen Sie den Zettel mit ihren Antworten an einen kraftvollen, angenehmen Ort in der Natur, an dem Sie sich wohl fühlen und ungestört sind.

4. Verbrennen Sie das Blatt und streuen Sie die Asche in den Wind.

5. Spüren Sie, wie die erarbeitete Vision Ihres Lebens bereits beginnt, wahr zu werden, und spüren Sie Dankbarkeit für dieses wundervolle Dasein.

Dieses Ritual wirkt unterstützend, besonders in Zeiten der Veränderungen. Wenn Sie einen Lebensabschnitt beenden möchten und einen positiven Wandel initiieren wollen, hilft die Absichtserklärung dabei, ein klares Ziel zu entwickeln, das Sie nicht aus den Augen verlieren können. Indem Sie die Asche des verbrannten Zettels dem Wind übergeben, signalisieren Sie dem Universum, dass Sie bereit sind, aus Ihren alten Mustern auszubrechen, die die positive Veränderung zurückhielten. Der Wind besitzt reinigende Eigenschaften und seine frische Energie unterstützt Sie dabei, die Veränderung mit Schwung zu wagen.

Nach der Kur

Lassen Sie zum Ende der Kur noch einmal alles Revue passieren, indem Sie auf einem Zettel notieren, wie Sie sich momentan fühlen.

Wie haben Sie den vergangenen Monat erlebt, als Sie sich intensiv Ihrer Entwicklungsaufgabe gewidmet haben?

Wie fühlte es sich an, der Seele so nahe wie schon lang nicht mehr zu sein?

Welche Erkenntnisse konnten Sie für sich erschließen und welche Weisheiten hat Ihnen Ihre Seele übermitteln können?

Welche Dinge haben sich in Ihrem Leben verändert?

Auf welche Lebensfragen haben Sie eine Antwort erhalten?

Erst, nachdem Sie Ihre Überlegungen abgeschlossen haben, sollten Sie das erste Blatt hervornehmen, auf dem Sie Ihre Empfindungen und Gedanken vor der Kur notierten. Lesen Sie sich durch, was Sie vor 30 Tagen über sich und Ihr Leben schrieben, und vergleichen Sie es mit dem, wie es Ihnen jetzt geht.

Bemerken Sie Unterschiede?

Was hat sich in einem Monat verändert?

Welche Techniken haben Ihnen besonders gut gefallen, die Sie auch zukünftig in Ihren Alltag eingliedern möchten?

Datum: ________________________________

Aktuelle Lebenslage:

____

Wie haben Sie den vergangenen Monat erlebt, als Sie sich intensiv Ihrer Entwicklungsaufgabe gewidmet haben?

____

____

Wie fühlte es sich an, der Seele so nahe wie schon lang nicht mehr zu sein?

____

____

Welche Erkenntnisse konnten Sie für sich erschließen und welche Weisheiten hat Ihnen Ihre Seele übermitteln können?

____

____

Welche Dinge haben sich in Ihrem Leben verändert?

____

____

Auf welche Lebensfragen haben Sie eine Antwort erhalten?

____

Genug der Vorbereitung – Starten Sie nun mit Ihrer persönlichen Seelen-Kur zur Bewältigung Ihrer Entwicklungsaufgabe. Welche Herausforderung ist es, die Sie bewältigen müssen, um Ihr persönliches Wachstum auf ein neues Level zu heben? Falls Sie es noch nicht getan haben, errechnen Sie jetzt mithilfe der detaillierten Schritt-für-Schritt-Anleitung im Kapitel ‚Seelenzahl – der Ausdruck unserer Seele' Ihre eigene Seelenzahl. Im Folgenden finden Sie noch einmal die zentralen Berufungen der einzelnen numerologischen Werte zusammengefasst sowie die Übungen für jede Seelenzahl. Viel Freude bei der 30-Tage-Kur – der Auszeit für die Seele!

SEELENZAHL 1:

Die zentrale Entwicklungsaufgabe

Die zentrale Aufgabe der Seele mit der Seelenzahl 1 ist es, der eigenen Vision nachzugehen, und das ohne destruktive Zweifel an der Idee und an sich selbst. Es gilt, dem Schicksal zu vertrauen und Schritt für Schritt dem Ziel entgegenzutreten.

Selbstreflexion

1. Welche Vision haben Sie für sich oder Ihr Leben?
2. Welche Pläne und Ideen tauchen immer wieder in Ihrem Geist auf und zeigen sich besonders auffällig?
3. Wie würde Ihr Leben aussehen, wenn Sie Ihre Vision bereits verwirklicht hätten? Was würden Sie dabei empfinden?
4. Wie würden sich Ihre realisierten Pläne auf Ihre persönliche Umgebung und die ganze Menschheit auswirken?
5. Was ist es, was die Verwirklichung Ihrer Vision beschwert oder verhindert?
6. Wie können Sie diese Hindernisse beseitigen?
7. Welche Zweifel tauchen immer wieder auf, wenn Sie an Ihre Fähigkeiten und Ihre Vorhaben denken?
8. Was müssen Sie tun, damit Sie wieder sich selbst und dem Schicksal vertrauen?
9. Wie können Sie Ihre persönlichen Begabungen und Fähigkeiten einsetzen, um Ihre Vision zu verwirklichen?

Meditation

Visualisieren Sie während der Meditation, wie Sie leben, wenn Sie Ihre Entwicklungsaufgabe bereits erfolgreich gemeistert haben. Stellen Sie sich detailliert vor, wie sich Ihre Persönlichkeit so verändert hat, wie Sie es sich in Ihren kühnsten Träumen nicht gewagt hätten. Malen Sie sich eine positive Zukunft aus, in der Sie der Mensch sind, der Sie schon immer sein wollten und der für sein echtes, authentisches Selbst geliebt und geschätzt wird. Meditieren Sie über Ihre Vision, Ihr bedingungsloses Vertrauen und darüber, wie Sie mithilfe Ihrer Begabungen Ihre Ziele erreichen.

Absichtserklärung

Integrieren Sie in die Absichtserklärung Gedanken, wie Ihre Entwicklungsaufgabe bewältigt werden kann.
Wie würde Ihr Leben aussehen, wenn Sie Ihre Vision ohne Zweifel verwirklichen?
Welche Schritte müssen getan werden, um die Veränderung herbeizuführen?

SEELENZAHL 2:

Die zentrale Entwicklungsaufgabe

Die eigenen Bedürfnisse wahrzunehmen und zu stillen, ist die wichtigste Entwicklungsaufgabe der Seelenzahl 2, denn wenn sie sich selbst wohlfühlen und zufrieden sind, können sie auch andere Menschen erfolgreich unterstützen.

Selbstreflexion

1. Welche zentralen Bedürfnisse machen sich in Ihrem Leben bemerkbar und was müssen Sie tun, um diese zu stillen?
2. Wie fühlt es sich an, wenn Ihre Bedürfnisse nicht befriedigt sind?
3. Wie können Sie die Befriedigung Ihrer Bedürfnisse in Ihren Alltag integrieren?
4. Welche Empfindungen nehmen Sie wahr, wenn Sie rundum zufrieden sind?
5. Wie viel persönliche Zeit benötigen Sie für sich selbst, damit Sie erholt sind und sich wohlfühlen?
6. Mit welchen Tätigkeiten können Sie Ihre Kraftreserven wieder auffüllen?
7. Wann fällt es Ihnen besonders schwer und wann besonders leicht, „Nein" zu sagen? Wie können Sie sich unabhängig machen von den Meinungen anderer?
8. Rückblickend auf Ihr Leben: Wann haben Sie sich von Ihrer Umwelt beeinflussen lassen?
9. In welchen Situationen neigen Sie dazu, Konflikten aus dem Weg zu gehen, und warum empfinden Sie so?

Meditation

Visualisieren Sie während der Meditation, wie Sie leben, wenn Sie Ihre Entwicklungsaufgabe bereits erfolgreich gemeistert haben. Stellen Sie sich detailliert vor, wie sich Ihre Persönlichkeit so verändert hat, wie Sie es sich in Ihren kühnsten Träumen nicht ausgemalt hätten. Malen Sie sich eine positive Zukunft aus, in der Sie der Mensch sind, der Sie schon immer sein wollten und der für sein echtes, authentisches Selbst geliebt und geschätzt wird. Meditieren Sie über Ihre erfüllten Bedürfnisse, Ihr Wohlergehen sowie über Glück, enge Verbindungen zu anderen Menschen und darüber, wie Sie mithilfe Ihrer Begabungen Ihre Ziele erreichen.

Absichtserklärung

Integrieren Sie in die Absichtserklärung Gedanken, wie Ihre Entwicklungsaufgabe bewältigt werden kann.

Wie würde Ihr Leben aussehen, wenn Ihre Bedürfnisse voll und ganz gestillt wären? Welche Schritte müssen getan werden, um die Veränderung herbeizuführen?

SEELENZAHL 3:

Die zentrale Entwicklungsaufgabe

Seelen mit der Seelenzahl 3 müssen lernen, das Positive wie Negative der eigenen Persönlichkeit anzunehmen und zuzulassen. Die Empfindungen wie Freude und Leichtigkeit sind genauso ein Teil Ihres Selbst wie belastende Gefühle. Herauslassen statt Unterdrücken lautet hier die Devise.

Selbstreflexion

1. Mit welchen Gaben können Sie nicht nur Ihr eigenes Leben, sondern auch das Ihrer Mitmenschen bereichern?
2. Wann legen Sie ein Verhalten an den Tag, das nicht Ihrem wahren Ich entspricht?
3. Wann überkommt Sie die Ungeduld und warum?
4. In welchen Situationen treten Sie als besonders ausdrucksstark und lebensfroh auf?
5. Wie können Sie Ihre Kreativität ausbauen, um Ihre Ideen den Mitmenschen näherzubringen?
6. Wie können Sie aus Ihren vergangenen Fehlern lernen?
7. Welche Eigenschaften bewerten Sie an sich als Unvollkommenheit und wie können Sie lernen, diese anzunehmen?
8. In welchen Situationen glauben Sie an Ihre eigene Stärke und wie können Sie dieses Gefühl in Ihrem Leben fördern?
9. Gelingt es Ihnen, Ihre Emotionen frei zuzulassen, die guten wie auch die schlechten?
10. In welchen Momenten gelingt es Ihnen nicht, Sie selbst zu sein und Ihre Gefühle mitzuteilen?

Meditation

Visualisieren Sie während der Meditation, wie Sie leben, wenn Sie Ihre Entwicklungsaufgabe bereits erfolgreich gemeistert haben. Stellen Sie sich detailliert vor, wie sich Ihre Persönlichkeit so verändert hat, wie Sie es sich in Ihren kühnsten Träumen nicht ausgemalt hätten. Malen Sie sich eine positive Zukunft aus, in der Sie der Mensch sind, der Sie schon immer sein wollten und der für sein echtes, authentisches Selbst geliebt und geschätzt wird. Meditieren Sie über das wahre Gesicht Ihrer Seele, Ihre Talente, die wertvollen

Erfahrungen, die Sie dank Ihrer Fehler machen durften, und außerdem darüber, wie Sie mithilfe Ihrer Begabungen Ihre Ziele erreichen.

Absichtserklärung

Integrieren Sie in die Absichtserklärung Gedanken, wie Ihre Entwicklungsaufgabe bewältigt werden kann.
Wie würde Ihr Leben aussehen, wenn Sie sich voll und ganz so annehmen und zulassen, wie Sie sind, mit Ihren positiven wie auch negativen Seiten?
Welche Schritte müssen getan werden, um die Veränderung herbeizuführen?

SEELENZAHL 4:

Die zentrale Entwicklungsaufgabe

Die zentrale Lernaufgabe der Seelen mit der Seelenzahl 4 ist es, das Bedürfnis nach Struktur und Ordnung nicht in einen Drang nach Kontrolle ausarten zu lassen. Gewisse Bereiche im Leben, wie die eigenen Empfindungen oder Veränderungen, werden in der Regel leichter mit Vertrauen und Hingabe überwunden.

Selbstreflexion

1. In welchen Bereichen Ihres Lebens ist das Bedürfnis nach Struktur und Ordnung am stärksten? In welchen Bereichen können Sie hingegen besser loslassen und die Dinge so annehmen, wie sie geschehen?
2. Wann macht sich der Wunsch nach Kontrolle bemerkbar und aus welchem Grund geschieht es gerade unter diesen Umständen?
3. Welche Dinge kritisieren Sie an anderen Menschen?
4. In welchen Bereichen sind Sie besonders starrsinnig?
5. Wie gehen Sie mit Veränderungen um?
6. Wie fühlt es sich für Sie an, wenn Sie loslassen, die Dinge so annehmen, wie sie sind und diese nicht verändern wollen?
7. Welche Gefühle nehmen Sie wahr, wenn sie die Kontrolle bewusst abgeben?
8. Was rät Ihnen Ihre Intuition? Was kann dazu beitragen, dass Sie Ihren mitgegebenen Fähigkeiten vertrauen?

Meditation

Visualisieren Sie während der Meditation, wie Sie leben, wenn Sie Ihre Entwicklungsaufgabe bereits erfolgreich gemeistert haben. Stellen Sie sich detailliert vor, wie sich Ihre Persönlichkeit so verändert hat, wie Sie es sich in Ihren kühnsten Träumen nicht ausgemalt hätten. Malen Sie sich eine positive Zukunft aus, in der Sie der Mensch sind, der Sie schon immer sein wollten und der für sein echtes, authentisches Selbst geliebt und geschätzt wird. Meditieren Sie über das Loslassen, das bedingungslose Vertrauen, die Hingabe und darüber, wie Sie mithilfe Ihrer Begabungen Ihre Ziele erreichen.

Absichtserklärung

Integrieren Sie in die Absichtserklärung Gedanken, wie Ihre Entwicklungsaufgabe bewältigt werden kann.
Wie würde Ihr Leben aussehen, wenn Sie sich und dem Universum so sehr vertrauen, dass Sie keinen Drang mehr nach Kontrolle verspüren?
Welche Schritte müssen getan werden, um die Veränderung herbeizuführen?

SEELENZAHL 5:

Die zentrale Entwicklungsaufgabe

Seelen mit der Seelenzahl 5 sollten sich mit ihren Gefühlen auseinandersetzen. Ihre zentrale Entwicklungsaufgabe ist es, trotz ihrer Abenteuerlust und impulsiven Art eine innere Reife zu erlangen, die es ihnen ermöglicht, ihre Willensstärke und Leidenschaft konstruktiv zu nutzen.

Selbstreflexion

1. Welche Empfindungen nehmen Sie wahr, wenn Sie ein Abenteuer erleben?
2. Welche Rolle nimmt der Wunsch nach Freiheit in Ihrem Leben ein?
3. Wie wichtig ist es Ihnen, Ihrer Leidenschaft nachzugehen?
4. Wie würden Sie persönlich Ihren Willen einschätzen: Nutzen Sie ihn konstruktiv oder destruktiv? Wie würden Sie Ihre emotionale Reife einschätzen?
5. Wie authentisch sind Sie, wenn Sie unter anderen Menschen sind?
6. In welchen Situationen verhalten Sie sich impulsiv und unruhig?
7. Welche Gefühle nehmen Sie wahr, wenn andere Menschen Sie als unzuverlässig und unordentlich beschreiben?
8. Wie könnte es Ihnen gelingen, Ihre Weltoffenheit und Abenteuerlust mit der Verwirklichung Ihrer Visionen zu verbinden?
9. Welche Gefühle stehen der zuverlässigen, beständigen und realistischen Umsetzung Ihrer Vorhaben im Weg?

Meditation

Visualisieren Sie während der Meditation, wie Sie leben, wenn Sie Ihre Entwicklungsaufgabe bereits erfolgreich gemeistert haben. Stellen Sie sich detailliert vor, wie sich Ihre Persönlichkeit so verändert hat, wie Sie es sich in Ihren kühnsten Träumen nicht ausgemalt hätten. Malen Sie sich eine positive Zukunft aus, in der Sie der Mensch sind, der Sie schon immer sein wollten und der für sein echtes, authentisches Selbst geliebt und geschätzt wird. Meditieren Sie über Freiheit, Abenteuer, Hingabe, Leidenschaft und darüber, wie Sie mithilfe Ihrer Begabungen Ihre Ziele erreichen.

Absichtserklärung

Integrieren Sie in die Absichtserklärung Gedanken, wie Ihre Entwicklungsaufgabe bewältigt werden kann.

Wie würde Ihr Leben aussehen, wenn Sie Ihre speziellen Fähigkeiten konstruktiv nutzen, und zwar so, dass Ihre Freiheit und Abenteuerlust nicht eingeschränkt werden? Welche Schritte müssen getan werden, um die Veränderung herbeizuführen?

SEELENZAHL 6:

Die zentrale Entwicklungsaufgabe

Die zentrale Lernaufgabe der Seelen mit der Seelenzahl 6 ist die Herstellung eines Gleichgewichtes zwischen Geben und Nehmen. Nur, wenn diese Menschen für sich selbst genug sorgen, können sie auch genug Energie aufbringen, um anderen zu helfen.

Selbstreflexion

1. Welche Ideale haben Sie?
2. Was sind Ihre Erwartungen sich selbst gegenüber?
3. Welche Erwartungen haben Sie Ihren Mitmenschen gegenüber?
4. Gibt es in Ihrem Alltag Momente, in denen Sie sich überfordert fühlen und Ruhe benötigen?
5. Zu welchen Menschen in Ihrem Leben empfinden Sie tiefe Vertrautheit und welche Charaktereigenschaften dieser schätzen Sie am meisten?
6. Welche Umstände müssen vorherrschen beziehungsweise was benötigen Sie, um sich wohlzufühlen?
7. Unter welchen Umständen fällt es Ihnen schwer, sich authentisch zu zeigen?
8. Können Sie Ihr wahres Gesicht zeigen, wenn Sie unter Mitmenschen sind?
9. Mit welchen Gaben können Sie nicht nur Ihr eigenes Leben, sondern auch das Ihrer Mitmenschen bereichern?
10. Woher kommt Ihr Perfektionismus und in welchem Zusammenhang steht er mit Angst?

Meditation

Visualisieren Sie während der Meditation, wie Sie leben, wenn Sie Ihre Entwicklungsaufgabe bereits erfolgreich gemeistert haben. Stellen Sie sich detailliert vor, wie sich Ihre Persönlichkeit so verändert hat, wie Sie es sich in Ihren kühnsten Träumen nicht ausgemalt hätten. Malen Sie sich eine positive Zukunft aus, in der Sie der Mensch sind, der Sie schon immer sein wollten und der für sein echtes, authentisches Selbst geliebt und geschätzt wird. Meditieren Sie über Harmonie im Geben und Nehmen, tiefe Verbindungen zu anderen Menschen und darüber, wie Sie mithilfe Ihrer Begabungen Ihre Ziele erreichen.

Absichtserklärung

Integrieren Sie in die Absichtserklärung Gedanken, wie Ihre Entwicklungsaufgabe bewältigt werden kann. Wie würde Ihr Leben aussehen, wenn Sie nicht nur bedingungslos geben, sondern auch nehmen können?
Welche Schritte müssen getan werden, um die Veränderung herbeizuführen?

SEELENZAHL 7:

Die zentrale Entwicklungsaufgabe

Menschen mit der Seelenzahl 7 sollten ihre Beobachtungsgabe auch auf sich selbst ausweiten: Ihre zentrale Entwicklungsaufgabe ist es, den eigenen Wahrnehmungen auf den Grund zu gehen und Emotionen authentisch zu zeigen.

Selbstreflexion

1. Welche Beobachtungen machen Sie, wenn Sie in Ihr Inneres horchen?
2. Können Sie Parallelen zwischen anderen Menschen und sich selbst herstellen?
3. Wie können Sie das Mitgefühl und das Verständnis, das Sie für Ihr Umfeld empfinden, auch sich selbst gegenüber bringen?
4. Welche Rolle nimmt die Spiritualität in Ihrem Leben ein?
5. Inwiefern hilft Ihnen die Spiritualität dabei, im Alltag authentisch und offen zu sein?
6. Welche spirituellen Werte ziehen sich durch Ihr gesamtes Leben?
7. Wann ziehen Sie sich zurück und reagieren empfindlich auf Ihre Umwelt?
8. Sind Sie in der Lage, Ihre Gefühle wahrzunehmen, und gelingt es Ihnen, sie offen zu zeigen?
9. In welchen Situationen erleben Sie sich selbst als resignierend und isolativ?
10. Welche Situationen begünstigen Ihre Offenheit?

Meditation

Visualisieren Sie während der Meditation, wie Sie leben, wenn Sie Ihre Entwicklungsaufgabe bereits erfolgreich gemeistert haben. Stellen Sie sich detailliert vor, wie sich Ihre Persönlichkeit so verändert hat, wie Sie es sich in Ihren kühnsten Träumen nicht ausgemalt hätten. Malen Sie sich eine positive Zukunft aus, in der Sie der Mensch sind, der Sie schon immer sein wollten und der für sein echtes, authentisches Selbst geliebt und geschätzt wird. Meditieren Sie über Erkenntnisse, Beobachtungen Ihrer Seele, Ihre Empfindungen und darüber, wie Sie mithilfe Ihrer Begabungen Ihre Ziele erreichen.

Absichtserklärung

Integrieren Sie in die Absichtserklärung Gedanken, wie Ihre Entwicklungsaufgabe bewältigt werden kann.

Wie würde Ihr Leben aussehen, wenn Sie im Einklang mit Ihren Empfindungen sind und diese offen zeigen können?

Welche Schritte müssen getan werden, um die Veränderung herbeizuführen?

SEELENZAHL 8:

Die zentrale Entwicklungsaufgabe

Die zentrale Lernaufgabe der Seelenzahl 8 besteht darin, die Einzigartigkeit nicht nur im eigenen Selbst zu erkennen, sondern auch in anderen Menschen. Es kann eine Bereicherung für das eigene Leben sein, eine neue Perspektive, eine neue Meinung oder einen neuen Lösungsansatz in Erwägung zu ziehen, selbst dann, wenn diese/r von den eigenen Vorstellungen zunächst noch stark abweicht.

Selbstreflexion

1. Wie würde sich das wahre Gesicht Ihrer Seele verhalten, wenn Sie in der Gesellschaft anderer Menschen sind?
2. Wie können Sie Ihre logische, pragmatische und strategische Denkweise nutzen, um Ihre Pläne zu erfüllen?
3. Was ist es, was Sie sich vom Leben erhoffen?
4. Wie können Sie Ihre Autorität und Führungspersönlichkeit ausleben, ohne andere Menschen durch übermäßige Dominanz und Härte zurückzuweisen?
5. Wie gehen Sie mit Mitmenschen um, die nicht Ihre Meinung teilen?
6. Sind Sie in der Lage, andere Perspektiven einzunehmen?
7. Wie gut gelingt es Ihnen, einen Fehler offen zuzugeben?
8. In welchen Situationen bemerken Sie Schadenfreude und Intoleranz und aus welchen Gründen empfinden Sie so?
9. Warum reagieren Sie unter gewissen Umständen aggressiv und wie können Sie dieses Gefühl in etwas Positives transformieren?
10. Wie können Sie Ihren Gerechtigkeitssinn nutzen, um anderen Menschen zu helfen?

Meditation

Visualisieren Sie während der Meditation, wie Sie leben, wenn Sie Ihre Entwicklungsaufgabe bereits erfolgreich gemeistert haben. Stellen Sie sich detailliert vor, wie sich Ihre Persönlichkeit so verändert hat, wie Sie es sich in Ihren kühnsten Träumen nicht ausgemalt hätten. Malen Sie sich eine positive Zukunft aus, in der Sie der Mensch sind, der Sie schon immer sein wollten und der für sein echtes, authentisches Selbst geliebt und geschätzt wird. Meditieren Sie über die Wertschätzung anderer Menschen sowie darüber, mit welchen Bereicherungen diese Ihr Leben segnen und wie Sie mithilfe Ihrer Begabungen Ihre Ziele erreichen.

Absichtserklärung

Integrieren Sie in die Absichtserklärung Gedanken, wie Ihre Entwicklungsaufgabe bewältigt werden kann.

Wie würde Ihr Leben aussehen, wenn Sie die verschiedenen Perspektiven und Meinungen Ihrer Mitmenschen schätzen und sich das Beste für sich selbst daraus ableiten können?

Welche Schritte müssen getan werden, um die Veränderung herbeizuführen?

SEELENZAHL 9:

Die zentrale Entwicklungsaufgabe

Die Bewahrung der eigenen Identität trotz Unterstützung der Mitmenschen ist die zentrale Entwicklungsaufgabe der Seelenzahl 9. Es gilt, die persönlichen Grenzen festzustecken, um die Achtung vor sich selbst zu wahren. Im Umgang mit anderen Menschen besteht die Herausforderung darin, diese Grenzen zum eigenen Wohl aufrechtzuerhalten.

Selbstreflexion

1. Welche Bedürfnisse nehmen Sie wahr und wie könnten Sie diese stillen?
2. Welche Dinge stören Sie im Umgang mit anderen Menschen?
3. Haben Sie klare Grenzen festgesteckt, die Ihre Identität und Ihr Wohlbefinden wahren?
4. In welchen Situationen werden Ihre Grenzen überschritten und wie fühlen Sie sich dabei?
5. Wie teilen Sie Ihren Mitmenschen Ihr Unwohlsein mit und wie könnten Sie die Kommunikation verbessern?
6. In welchen Situationen benötigen Sie die Bestätigung von außen?
7. Wie fühlt es sich für Sie an, Ihren Mitmenschen Ihr ehrliches Gesicht zu zeigen?
8. Was möchte Ihnen Ihre Intuition mitteilen?
9. Wie können Sie die Hilfsbereitschaft und Empathie, die Sie Ihren Mitmenschen entgegenbringen, auch sich selbst gegenüber zeigen?
10. Wie können Sie andere Menschen unterstützen und dennoch für Ihr eigenes Wohl sorgen?

Meditation

Visualisieren Sie während der Meditation, wie Sie leben, wenn Sie Ihre Entwicklungsaufgabe bereits erfolgreich gemeistert haben. Stellen Sie sich detailliert vor, wie sich Ihre Persönlichkeit so verändert hat, wie Sie es sich in Ihren kühnsten Träumen nicht ausgemalt hätten. Malen Sie sich eine positive Zukunft aus, in der Sie der Mensch sind, der Sie schon immer sein wollten und der für sein echtes, authentisches Selbst geliebt und geschätzt wird. Meditieren Sie über Selbstachtung, Selbstwertschätzung, tiefe zwischenmenschliche Verbindungen und darüber, wie Sie mithilfe Ihrer Begabungen Ihre Ziele erreichen.

Absichtserklärung

Integrieren Sie in die Absichtserklärung Gedanken, wie Ihre Entwicklungsaufgabe bewältigt werden kann. Wie würde Ihr Leben aussehen, wenn Sie ehrlich und authentisch Sie selbst sind, während andere Menschen Sie für Ihr wahres Gesicht schätzen und lieben? Welche Schritte müssen getan werden, um die Veränderung herbeizuführen?

Nachwort

Den Sinn des Lebens zu ergründen, ist kein leichtes Unterfangen. Die Frage nach der Bedeutung unserer Existenz hat es wahrlich in sich. Doch mithilfe unserer Begabungen und Talente können wir unsere Bestimmung erfüllen, was uns ermöglicht, uns der Beantwortung der wohl berühmtesten Frage aller Zeiten anzunähern.

Das Werkzeug, auf das wir zurückgreifen können, wenn wir uns selbst besser kennenlernen möchten und wir unsere Ziele erreichen wollen, ist die Numerologie. Wenn wir sie richtig anwenden, erhalten wir einen Einblick in die kosmische Ordnung und die Funktionsweise des Universums. Sie kann unser Verständnis für uns selbst erhöhen, sodass wir endlich anfangen, unser gewaltiges Potenzial auszuschöpfen – zu unserem eigenen Wohl und dem Wohl der gesamten Menschheit.

Die Numerologie besagt jedoch nicht, dass Sie beispielsweise nur eine ‚3' sind und keine der anderen Ziffern. Ganz im Gegenteil sind wir menschlichen Wesen so komplex, dass es fast eine Beleidigung wäre, uns auf eine einzige Zahl zu reduzieren. Vielmehr setzen sich unser Charakter und unsere Lebensumstände aus einer Vielzahl von unterschiedlichen Ziffern zusammen, die in ihrer Kombination jedes Mal ein völlig anderes Bild ergeben – einen Menschen in seiner höchst individuellen Form. Wir können uns die Numerologie zur Hilfe nehmen, um uns selbst und unsere Existenz ein wenig tiefer zu verstehen sowie unsere Schwächen und negativen Eigenschaften etwas besser anzunehmen. Doch die Zahlensymbolik ist nicht dafür gedacht, dass wir unser gesamtes Leben danach ausrichten. Es würde ihren Zweck verfehlen, wenn wir davon ausgehen, dass die Zahlen unser Dasein bestimmen oder gar kontrollieren. Bei dieser Betrachtungsweise könnten wir in ein Muster der Hoffnungslosigkeit und Ohnmacht fallen, da diese Auffassung vermuten lässt, wir seien Marionetten der Numerologie und unsere Art, zu denken und zu handeln, sowie unser gesamter Lebensweg seien bereits fest vorgeschrieben. Die Meinung könnte nicht ferner von der Wahrheit liegen und sie bedeutet nur, dass derjenige das Thema noch nicht allumfassend verstanden hat.

Die Numerologie ist lediglich ein Anzeiger unserer Neigungen und Tendenzen. Sie gibt uns Aufschluss darüber, welche Charaktereigenschaften bei uns besonders ausgeprägt sind und welche Dinge dementsprechend geschehen könnten. Die Zahlen zeigen uns eine Richtung auf, in die wir uns höchstwahrscheinlich bewegen, und sie geben uns damit die Möglichkeit, bestimmte Aspekte zu fördern oder diesen eben entgegenzuarbeiten – das alles geschieht allein nach unserem Willen. Wir entscheiden dabei selbst, welchen Weg wir gehen wollen, und niemand anders außer uns kann diese Wahl treffen. Wir sind stets selbst für uns und unser Leben verantwortlich – nicht die Zahlen.

Die Zahlensymbolik deckt das im Menschen verborgene Potenzial auf und gibt Ansätze für die Entfaltung von diesem. Vielen Menschen ist während des Großteils ihres Lebens nicht einmal bewusst, dass sie eine besondere Begabung, geschweige denn eine Bestimmung, besitzen. Sie wundern sich, warum sie das Leben als so anstrengend, unfair und herausfordernd empfinden, doch dabei nehmen sie nicht wahr, dass sie die ganze Zeit gegen sich selbst arbeiten. Sie mögen eine fixe Vorstellung von Erfolg und Glück im Leben haben, wobei diese Sichtweise auf den Lebensweisen anderer Menschen beruht. Wenn jemand tatsächlich seiner Intuition folgt, ob bewusst oder unbewusst, ist nicht von Bedeutung, so wird er automatisch zu seinen Potenzialen geführt. **Wer das auslebt, was er gut kann und wofür er geschaffen wurde, wird unweigerlich Erfolg haben.** Doch was viele Menschen nicht registrieren, ist, dass der Erfolg eines Menschen nicht unbedingt eins zu eins auf einen anderen Menschen übertragbar ist. Versuchen Sie nicht, ein anderes Leben zu kopieren, sondern finden Sie Ihren eigenen Weg. Ergründen Sie die Tiefen Ihres Wesens, werden Sie sich Ihrer Eigenschaften bewusst, machen Sie sich Ihren Archetypus und Ihre Talente zunutze, folgen Sie Ihrem Bauchgefühl – und Sie werden glücklich werden.